古代山东"一带一路"

——"海岱廊道"连接东京到罗马

朱　艳　著

中国海洋大学出版社

·青岛·

图书在版编目(CIP)数据

古代山东"一带一路":"海岱廊道"连接东京到
罗马 / 朱艳著. —青岛:中国海洋大学出版社,
2024.4

ISBN 978-7-5670-3721-2

Ⅰ.①古… Ⅱ.①朱… Ⅲ.①中外关系－文化交流－
文化史－山东 Ⅳ.①K295.2

中国国家版本馆 CIP 数据核字(2023)第 233950 号

GUDAI SHANDONG "YIDAI YILU": "HAIDAI LANGDAO" LIANJIE DONGJING DAO LUOMA
古代山东"一带一路"——"海岱廊道"连接东京到罗马

出版发行	中国海洋大学出版社
社　　址	青岛市香港东路 23 号　　　　　　　邮政编码　266071
出 版 人	刘文菁
网　　址	http://pub.ouc.edu.cn
订购电话	0532-82032573(传真)
责任编辑	矫恒鹏　郝倩倩　　　　　　　　　　电　　话　0532-85902342
印　　制	青岛国彩印刷股份有限公司
版　　次	2024 年 4 月第 1 版
印　　次	2024 年 4 月第 1 次印刷
成品尺寸	170 mm×240 mm
印　　张	8.25
字　　数	144 千
印　　数	1～1000
定　　价	68.00 元

发现印装质量问题,请致电 0532-58700166,由印刷厂负责调换。

前　言

自习近平总书记在 2013 年提出建设"丝绸之路经济带"和"21 世纪海上丝绸之路"(简称"一带一路")的倡议以来,倡议逐渐从理念转化为行动,从愿景转变为现实。截至 2023 年初,中国已与 151 个国家、32 个国际组织签署了 200 多份共建"一带一路"合作文件,涵盖投资、贸易、金融、科技、社会、人文、民生等领域。"一带一路"建设不断取得新成就,正昂首阔步迈向深耕细作、持久发展的新阶段。世界银行的报告显示,到 2030 年,"一带一路"倡议有望帮助全球 760 万人摆脱极端贫困,使 3200 万人摆脱中度贫困。从国家推出第一个顶层设计文件《推动共建丝绸之路经济带和 21 世纪海上丝绸之路的愿景与行动》(以下简称《愿景与行动》)(2015 年 3 月)开始,各部委紧随其后,纷纷出台相关的纲领性文件。比如,文化部印发了《文化部"一带一路"文化发展行动计划(2016—2020 年)》(2016 年 12 月),教育部印发了《推进共建"一带一路"教育行动》(2016 年 7 月),科技部等四部委联合印发了《推进"一带一路"建设科技创新合作专项规划》(2016 年 9 月),国家发展和改革委员会和国家海洋局印发了《"一带一路"建设海上合作设想》(2017 年 6 月),国家体育总局、国家旅游局印发了《"一带一路"体育旅游发展行动方案(2017—2020 年)》(2017 年 7 月),中共中央办公厅、国务院办公厅印发了《关于建立"一带一路"国际商事争端解决机制和机构的意见》(2018 年 6 月),国家外汇管理局发布了《"一带一路"国家外汇管理政策概览》(2019 年 4 月),2019 年 4 月第二届"一带一路"国际合作高峰论坛形成了若干倡议和文件。据统计,迄今至少有 14 个部委出台了有关"一带一路"的纲领性文件。从顶层设计到各部委的专项细分行动,从指导性政策到为"走出去"保驾护航的争端解决意见。可以说,近十年来,国家层面正在为我国各行各业参与"一带一路"建设做全面的准备。

全国各地也都纷纷响应《愿景与行动》。迄今为止,颁布融入"一带一路"建设纲领性文件的地区或地方有:北京市、辽宁省、河南省、陕西省、河北省、上海市、浙江省、成都市、福建省、甘肃省、湖南省、山东省、内蒙古自治区、江西省、荆州市、连云港市、宁波市、广西壮族自治区、青海省、遂宁市、宝鸡市、运城市、宜昌市、天津市、广东省、山西省、安徽省等。以山东省为例,2015 年,山东省在政府工作报告中提出,要主动融入"一带一路"倡议。2016 年 4 月,山东省编制了《山东省参与建设丝绸之路经济带和 21 世纪海上丝绸之路实施方案》(简称《实施方案》),明确山东省参与"一带一路"建设的主要思路和近、中、远期目标。近期目标,即在 2020 年前,建设一批互联互通基础设施和合作平台,培育一批具有较强国际竞争力的跨国企业,建成一批优势产业境外园区和能源资源基地。中期目标是建设国际区域性现代物流中心等 5 大中心:国际区域性现代物流中心、国家海洋经济对外合作中心、国际产能协作发展中心、国际人文合作交流中心、全国区域经济联动发展示范中心。长期目标是构建"一线串联、六廊展开,双核带动、多点支撑"的空间布局。山东,正在奋力融入"一带一路"建设,并取得初步成效:到 2021 年 12 月,山东与 60 个共建"一带一路"国家建立了 297 对国际友城,与 10 个 RCEP 成员国建立了 230 对国际友城,并储备了大批意向结好友城,形成了友城搭台、企业唱戏、社会融入、民间参与的对外交往局面,有力促进全省加快融入"一带一路"建设。到 2022 年,山东开出的中欧班列达 2057 列,发送货物 17 万标箱,可直达沿线 24 个国家 55 个城市,山东对共建"一带一路"国家进出口规模首次突破 1 万亿。同时,山东已经在 20 多个国家建立 28 所孔子学院和 47 个孔子学堂,成为我国"一带一路"建设和文化交流中的重要一环。

2015 年 3 月 28 日,国家顶层设计文件《愿景与行动》中,山东并没有进入 18 个省大名单,但是青岛和烟台两个沿海城市却被确定为 15 个"一带一路"海洋建设支点城市之二。这说明山东省的海洋文化和海洋经济优势是比较明显的,在我国"21 世纪海上丝绸之路"建设中的战略地位也是十分重要的。山东省已成为我国"一带一路"建设的海上战略支点。2017 年 5 月 13 日,在第一届"一带一路"国际合作高峰论坛上,山东省常务副省长李群提出,山东在"一带一路"建设中具有三大优势:地理区位、经济实力、开放传统。这为山东省融入"一带一路"建设指明了努力的方向。可以说,这三大优势一直到今天依然没有改变,且与"一带一路"发展相辅相成,继续为山东的腾飞和山东历史文脉的传承和发展助力。

今天我们重新梳理山东与"一带一路"的历史渊源,发现山东在历史上就是"一带一路"的重要一环。横贯山东省东西的"海岱廊道"将陆上丝绸之路与海上丝绸之路连接起来,成为中华文化与域外国家进行交往的重要通道。"海岱廊道"因黄河出太行奔涌而下以海岱地区为轴心南北摇摆,在泰沂山脉的山前小平原和黄泛区之间形成南北两个狭长的交通通道。它位于海岱地区泰沂山脉的南北两侧,向东沿海岸线环绕山东半岛,形成一个"∞"形的陆、海相连的交通大干线,东西两端分别连接海上和陆上"丝绸之路"。"海岱廊道"在陆上沿泰沂山脉南北两侧丘陵地带的边缘向外 10～30 千米抵达黄泛区,东临黄海,从青岛的琅琊镇向西到济南长清,全长 618.9 千米(暂以齐长城距离为准)。

"海岱廊道"发育于远古的大汶口文化、龙山文化时期以及春秋战国时期。

这一时期,海岱文化与西边的中原河洛文化相邻。从考古上看,大汶口文化时期,中原河洛文化对海岱文化的影响比较大。到龙山文化时期,文化的传播方向反转,海岱文化的影响力更强,说明这一时期海岱地区的文明更为强盛。而海岱文化与河洛文化之间的交流就是通过海岱廊道进行的。同一时期,海岱文化与东北的红山文化也有千丝万缕的联系,考古上更多的证据表明两种文明是沿渤海湾陆路进行交流;但是,庙岛群岛上的考古发现说明"海岱廊道"与"海上丝绸之路"北航线有连接。龙山文化至三代时期,稻米从长江中下游向北传播到胶东半岛,再沿庙岛群岛传播到辽东半岛、朝鲜半岛和日本列岛,这条稻米之路就是今天的"海上丝绸之路"北航线。三代时期,箕子东渡,从山西沿"海岱廊道"到达胶州湾,然后乘舟沿"海上丝绸之路"北航线抵达朝鲜半岛,建立了"箕子朝鲜"。春秋战国时期,占据"海岱廊道"北部的齐国已成为东方最富裕的大国,也是丝绸主产地,"鲁缟齐纨"扬名世界,使齐国首都临淄成为引领世界服装潮流的风向标。另外,齐吴大海战中,齐国大胜而被称为"海王之国"。齐国与东北亚的朝鲜半岛有较为频繁的商贸往来,标志着"海上丝绸之路"北航线的萌芽。

"海岱廊道"确立和发展于秦汉三国两晋南北朝时期。

秦统一六国后,修建了以咸阳为中心、通往全国的"九大驰道"并"车同轨";其"东方道"进入山东后,并入"海岱廊道",直达东方的芝罘(今烟台)和琅琊(今青岛)。史载,秦始皇五次全国巡游三登琅琊,促进了齐鲁文化的西渐以及与中原文化的融合,对形成多元一体的中华文化做出了积极贡献。两汉时期,作为丝绸发源地的齐鲁大地,丝绸产量和质量全国第一。其生产的丝绸、盐鱼、铁铜器、粮食、漆器等各种物资集中运到临淄或青州,然后沿"海岱廊道"经邹平—东平陵—历城(济南),再到兖州—曹州—开封—洛阳,最后到达咸阳(长安),在咸阳(长安)集结然后沿丝绸之路西去,直抵中亚、西亚和欧洲各国。秦始皇派徐福从琅琊港出发,去东海寻长生不老之药;汉武帝七巡胶东并于前 109 年从胶东诸港口派 5 万齐地水军,乘船沿"海上丝绸之路"北航线与东北陆军两面夹击,攻克朝鲜并建四郡的政治军事行为,都标志着"海上丝绸之路"北航线的确立。三国时期,北方燕、齐、赵的百姓因战乱沿"海上丝绸之路"北航线移居朝鲜半岛,桑蚕技术也在这一时期流传到朝鲜半岛、日本。东晋,高僧法显从长安西去天竺取经,历经13年艰辛,在狮子国(今斯里兰卡)乘船泛海东归,在青州长广郡崂山(今青岛崂山)登陆,历史性地将陆、海"丝绸之路"交会在青岛、交会在山东,说明了"海岱廊道"在陆海"丝绸之路"中的不断发展和重要作用。

"海岱廊道"在隋唐两宋时期繁荣发展。

史载,遣隋使和遣唐使早中期来华都是沿"海上丝绸之路"北航线、从山东诸港口(莱州、板桥镇等)上岸,然后沿"海岱廊道"一路向西抵达长安。同样,欧洲、西亚和中亚文化沿"天山廊道"到达长安之后继续东渐,入山东后沿着"海岱廊道"向两边的区域渗透,如菏泽、兖州、泰安、济南、青州、胶州等地。各地保留的拜火教、佛教、伊斯兰教等西方宗教寺院遗址和民俗习惯等,都说明了这一点。623年,唐在胶州设板桥镇建水师营,派兵沿"海上丝绸之路"北航线到朝鲜助其抗击日本;1084年,宋设立密州板桥镇市舶司(今海关,这是长江以北唯一设置过的市舶司),管理对朝、日贸易往来,其交易额"二倍于明杭",这是"海上丝绸之路"北航线最繁华的时期。

"海岱廊道"在元明和清前中期持续发展。

这时,南方是经济中心、北方是政治中心的大格局已经形成,南方的粮食、物资经常运往北方。元朝开辟了海上漕运——深海航线,运力大大提升,到明朝,海上漕运的运输量已超过河运(大运河)。为管理东方事宜,元朝廷在山东半岛第一次设省,极大促进了"海岱廊道"的发展;元朝时还开凿了胶莱运河,首次贯通黄渤海,实行河海漕运;明朝继续发展深海漕运的线路;到清朝早中期,"海岱廊道"因一直连接陆、海丝绸之路,沿途打造了若干商贸重镇,如"金胶州,银潍县,铁打的即墨金不换",淄博周村"旱码头"等。同时期的南方"海上丝绸之路"因世界大航海时代的到来而获得大发展。特别是指南针、罗盘、密封舱等的广泛应用,促进了航海的快速发展。明朝郑和七下西洋,最远到达东非沿岸。而"海上丝绸之路"北航线则因地理区位等条件的限制,依然沿用原有的航线与东北亚地区进行往来。所以,相对于"海上丝绸之路"南航线,北航线式微的总体趋势不可遏制。

"海岱廊道"在清朝后期至民国走向衰落。

清末,因《天津条约》的签订,烟台被迫开埠;德国于1898年开始租借青岛。为掠夺山东及中国其他地区丰富的物产,德国开埠青岛港,并沿"海岱廊道"北线修建了胶济铁路,随着胶济铁路向山东腹地深入。第一次世界大战后,日本凭借武力接管德国在青岛的权益,虽然日本在五四运动后被迫交还青岛,但是,第二次世界大战时日本又侵占了青岛和烟台,并将之作为其侵略中国的大本营,陆、海"丝绸之路"在"海岱廊道"的文化商贸交流蒙上殖民者和买办资产阶级压迫和剥削的阴影。"海岱廊道"布满了反帝反封建斗争的腥风血雨,陆、海"丝绸之路"在"海岱廊道"的交会发展时断时续,与整个中国一样处于风雨飘摇之中。

今天,"海岱廊道"重新焕发青春,在"一带一路"倡议中起到越来越重要的作用。从地理区位看,山东通过"海岱廊道"将陆上丝绸之路和海上丝绸之路连接起来,山东是"一带一路"的重要组成部分;从经济发展看,至少从秦汉到唐宋,大量的盐铁、粮食、丝绸、漆器等经山东运往长安,在长安集结后向西经"天山廊道"沿陆上丝绸之路去往中亚、西亚直至欧洲,而从山东向东沿海上丝绸之路北航线运往东北亚的货物绝大部分都是山东本地所产;从中华文明的早中期传播和对外交流看,与东北亚进行文化交流主要是从山东沿"海岱廊道"到达山东半岛,再沿"海上丝绸之路"北航线去往朝鲜半岛和日本列岛,"海岱廊道"对世界儒家文化圈的形成与发展起到发育和形成的重要作用。因此,探寻山东在"一带一路"中的前世今生,寻找山东融入"一带一路"建设的历史文化基点和新文化名片,将有助于推动山东文脉的传承与创新,推动山东走向世界。

目　录

第一章　山东省自然环境与历史沿革

山东省,位于中国东部沿海,北纬 34°22.9′~38°24.01′,东经 114°47.5′~122°42.3′,属于典型的暖温带季风气候类型。在华夏民族形成的早期,这里的气温普遍比今天的高,现在"正月的平均温度减低 3℃~5℃,年平均温度大约减低 2℃"[①],自然环境类似于今天长江流域的中下游地区。这里湖泽遍地,竹林茂盛,有大象、犀牛和鳄鱼等动物,具有热带和亚热带气候特征。的确,北纬 30°~40°被世界地理历史文化研究者普遍认为是片神奇的区域,它不仅涵盖了山东省全部,是早期华夏东夷族活动争霸的中心,以及华夏文明产生和发展的重要区域,继续往西,它还贯穿起世界四大文明古国的中国、古印度、古埃及、古希腊,甚至连消失的美洲玛雅文明也在这个区域内。这里是人类文明荟萃和文史胜迹聚集之地,也是中国丝绸之路西行所经的主要区域。所以,研究山东自然地理气候的状况与变化,对于我们深入了解山东"一带一路"的形成与发展意义重大。

山东中部以泰山为最高峰形成的泰沂山脉,有着山东省最早的人类起源——泰沂猿人,泰沂猿人在迁徙、定居和发展的过程中形成了文脉清晰、历史悠久的海岱文化,这是山东历史文脉的起源,也是中华民族文化的重要组成部分。泰沂山脉向东延伸到海形成了以丘陵地形为主的山东半岛(也称胶东半岛),与辽东半岛和朝鲜半岛隔海相望,是我国"海上丝绸之路"北航线的启航点,对中华传统文化的形成、发展与传播起到重要的推动作用,也是亚洲"儒家文化圈"形成的重要推手。山东省是我国华东地区的一个沿海省份,位于黄河中下游向东直至渤海,从北到南分别与河北、河南、安徽、江苏 4 省接壤。以黄河改道南北摇摆的轴心——海岱山脉与黄泛区之间的狭长山前小平原为通道(也称"海岱廊道"),建立起中原与山东半岛及东北亚之间紧密的文化与经贸联系。"海岱廊道"与"天山廊道"东西呼应,"海岱廊道"向西经河南、山西到达陕西西安,与"丝绸之路"相连,"丝绸之路"向西经甘肃的河西走廊、新疆天山南北廊道,直到中亚、西亚和欧洲。"海岱廊道"将"陆上丝绸之路"与"海上丝绸之路"串联起来,为我们探索山东在"一带一路"建设中的历史渊源提供了重要依据。

---

① 竺可桢. 中国近五千年来气候变迁的初步研究[J].考古学报,1972(1):15-38.

一、山东省自然环境

(一)山东省陆地环境

1.气候

山东省位于中国东部沿海、黄河下游,属于暖温带季风气候类型。在这类气候条件下,海陆热力性质差异显著,每到夏季来临,由于亚欧大陆低压连成一片,海洋上副热带高压西伸北进,由北太平洋副热带高压形成的东南季风,对古代没有机械动力的木船来说就成为其扬帆航行的最好动力,最适合南方的船舶北上;而由冬季强大的蒙古高压形成出来的西北季风,又成为古代北方木船南下的动力。所以,早在远古时期,我们的先人就知道利用季风进行海上渔猎,南北东西各地的人们也会乘季风循海岸水行进行海上运输和商贸,并将这种有规律的、犹如潮汐有信的季风称为"信风"或"贸易风"。正是这种反复稳定的温带季风气候,使山东半岛众多的港湾成为最早的"海上丝绸之路"北航线的起始港。

山东的降水集中在夏秋之际,春秋短暂,冬夏较长,多为温带阔叶林。仪器观测时期(1900年以来),山东省的年平均气温为11℃～14℃,东西地区气温差别大于南北地区,全年无霜期由东北沿海向西南递增,鲁北和胶东地区的无霜期一般为180天,鲁西南地区可达220天。在距今四五千年的龙山文化时期,黄河中下游的气温更高些,与今天长江中下游的气温基本相同[①],正月的平均温度比现在的平均温度高3℃～5℃,可以保证蚕蛹安然过冬。所以,龙山文化时期温暖的气温是泰沂山区成为桑蚕丝绸发源地的重要因素之一。山东省的光照资源也很充足,光照时数年均2290～2890小时,热量条件可满足农作物一年两作的需要。年平均降水量一般为550～950毫米,由东南向西北递减。[②] 降水季节分布很不均衡,全年降水量有60%～70%集中于夏季,易形成涝灾,这也是黄河历史上泛滥改道多发生在夏季的主要原因之一。

2.地势地貌

山东省总体地势西高东低,呈三级阶梯状。其境内包括半岛和内陆两部分,山东半岛突出于渤海、黄海之中,与辽东半岛和朝鲜半岛遥相对应;内陆部分自北而南分别与河北、河南、江苏、安徽4省接壤,泰沂山脉的余脉延伸到江苏和安徽境内,从而使江苏和安徽北部山区成为海岱历史文化区的一部分,属于"海岱廊道"南线的部分地区。山东全境南北最长约420千米,东西最宽约

---

① 竺可桢.中国近五千年来气候变迁的初步研究[J].考古学报,1972(1):15-38.

② 崔秀兰、刘焕彬、王栋成.山东省气候变化特征研究[C]//全国政协人口资源环境委员会,中国气象局.气候变化与生态环境研讨会文集.北京:气象出版社,2004:502-507.

700千米,东西明显比南北方向长,就像一只雄鹰翱翔在祖国的东方。山东省总面积15.8万平方千米,约占中国总面积的1.64%。山东省中部山地突起,为鲁中南山地丘陵区,著名的"五岳之首"泰山就坐落在这里;其西南、西北低洼平坦,属于华北平原;其东部缓丘起伏,形成以山地丘陵为骨架、平原盆地交错环列其间的地势,胶东丘陵与鲁中南山地相连,总称泰沂山脉。山地约占山东省总面积的15.5%,丘陵占13.2%,泰山雄踞中部,主峰海拔1532.7米,是山东省最高点。中部凸起的泰沂山区使黄河在有文字记载的2600多年的历史中有26次的改道,且每次黄河改道都是围绕泰沂山脉南北摇摆,最北黄河夺海河出大沽口入渤海,最南黄河夺淮河入黄海。由于黄河一直围绕泰沂山脉这个轴心南北摇摆改道,从而在泰沂山脉的山前小平原和黄泛区之间形成一个个狭长、平缓、适合农耕的生活生产区,人们在此繁衍生产,创造出光辉灿烂的文明,这片区域在考古学上被称为海岱历史文化区。黄河在向东入海的区域形成黄河三角洲,海拔一般为10米以下,是山东省陆地最低处。山东境内地貌复杂,大体可分为中山、低山、丘陵、台地、盆地、山前平原、黄河冲积扇、黄河平原、黄河三角洲9个基本地貌类型。把泰沂山脉的山前小平原与黄泛区之间的一个个适合农耕的区域连接起来,就形成"海岱廊道",它可以把山东半岛与内地中原和海外其他区域连接起来,是陆、海"丝绸之路"的重要连接廊道。

山东境内除了鲁中南山区和胶东丘陵区外,还有面积广大的平原(55%)、洼地(4.1%)、湖沼平原(4.4%)等,十分适于农业,与山区丘陵地带的林业、牧业相结合,形成山东农林牧副渔全面发展的经济形态。山东历史上曾是丝绸之路交易的丝绸、粮食、盐铁、漆器等物资的重要生产基地。

3.水系与河流

山东省地跨黄河、淮河、海河三大流域,境内主要河流除黄河横贯东西、大运河纵穿南北外,其余的中小河流密布山东全省。有黄河、大汶河、泗河、东鱼河、洙赵新河、徒骇河、马颊河、德惠新河、大沽河、潍河、小清河、沂河、沭河、漳卫南运河、梁济运河、韩庄运河16条骨干河道干流。黄河、淮河、海河流域人均水资源量462立方米,是全国平均水平的1/5、世界平均水平的1/16,所以,山东省各河流流域都严重缺水,这是山东省今后发展要特别注意的问题之一。山东省境内的湖泊主要有南四湖、东平湖、白云湖、青沙湖、麻大湖等。山东省水资源主要来源于大气降水,多年平均降水量为676.5毫米,多年平均天然径流量为222.9亿立方米,多年平均地下水资源量为152.6亿立方米。[①]

---

① 周长春,滑永胜,游素文,等.山东省三大流域水资源与水环境状况分析研究[J].黑龙江水利,2015,1(8):15-21,60.

（1）黄河水系

黄河发源于青藏高原巴颜喀拉山北麓的约古宗列盆地，自西向东流经青海、四川、甘肃、宁夏、内蒙古、山西、陕西、河南、山东9省区，全长5464千米，流域面积79.5万平方千米。黄河在河南兰考流入山东东明县，呈北偏东流向，经山东省菏泽、济宁、泰安、聊城、德州、济南、淄博、滨州、东营9市的25个县（市、区），在东营市垦利区注入渤海。黄河山东段河道长628千米，占整个河长的11.5%。由于黄河流经山东之后所经之地主要以平原为主，因此中途汇入的骨干河流极少，除大汶河由东平湖汇入外，再无较大支流汇入。

黄河流入下游的冲积平原主要在河南、山东之间，此处黄河河道宽阔平坦，流速大大降低，泥沙沿途沉降淤积，河床高出两岸地面3米～5米，甚至10米，成为举世闻名的"地上河"或"悬河"。所以，山东域内黄河河道泥沙淤积严重、流速缓慢、河水深度不高。而且，山东沿河流域人口稠密，是我国重要的工农业生产区，用水多、渗漏严重等，都会导致黄河出现断流，加之冬季黄河结冰等问题，使黄河无法像长江那样通航，只有部分河段季节性通航。

山东是黄河流域唯一的河海交汇区，是下游生态保护和防洪减灾的主战场。黄河下游与泰沂山脉的山前小平原之间形成的狭长而平坦的农耕区，既是海岱历史文化区遗存的重要区域，也是海岱廊道连接中外、传承中华文化，进行生态保护和高质量发展的重要区域。

（2）淮河水系

淮河位于中国东部，介于长江与黄河之间，古称淮水，与长江、黄河和济水并称"四渎"，是中国七大江河之一。淮河发源于河南省南阳市桐柏县的桐柏山主峰太白顶的西北侧河谷，干流流经河南、安徽、江苏三省，全长1000千米，总落差200米。淮河流域地跨河南、湖北、安徽、江苏和山东五省，流域面积约为30万余平方千米。以山东境内的"地上悬河"大堤为界，北面的地区为海河流域，南面的地区为淮河流域。流域内以废黄河为界，又分为淮河和沂沭、泗河两大水系，面积分别为19万平方千米和8万平方千米。沭河和泗河均发源于山东省沂蒙山区的沂山南麓和蒙山西麓，是泰沂山区重要的河流，也是海岱廊道南线的重要河流，它们与沂河一起共同构成淮河流域内一个相对独立的大水系。

古代黄河多次夺淮河入黄海，在淮河与泰沂山脉之间形成了狭长而平缓的"平原"地带，我们称为"海岱廊道"南线。这期间形成的多种文化遗存，构成海岱历史文化区的重要组成部分。

（3）海河水系

海河是中国七大河流之一，主要位于京津冀地区，地跨京、津、冀、晋、鲁、豫、辽、内蒙古 8 省区市，有众多的河流流入海河，从而导致海河的源头至今有争议。《辞海》一说，海河发源于地处河南省的卫河，以此计算海河全长为 1090千米（《中国统计年鉴》沿用这一说法）；《海河流域综合规划（2012—2030 年）》中说，海河发源于地处山西省境内的漳河，以此计算海河全长为 1032 千米。此外，一些水利专家还认为，海河发源地应是漳河上游的浊漳河，以此计算海河全长则为 1329 千米。当然，这也与新中国成立以来，我国对海河流域进行了大规模的治理和引黄工程有一定关系。海河流域东临渤海，南界黄河，西起太行山，北接内蒙古高原南缘，流域总面积 31.78 万平方千米，占全国总面积的 3.3％。海河水系是中国华北地区最大的水系。海河在天津合流后的下游称海河，上游包括五大支流，即潮白河、永定河、大清河、子牙河、南运河（在海河流域为漳卫河）等。

山东境内有诸多河流属于海河流域，它们都位于黄河下游北岸，如徒骇河、马颊河、德惠新河等，它们或从山西或从河南或从山东向东北方向流入海河。历史上黄河也曾夺海河入渤海湾，在海河与海岱历史文化区之间也有一定的历史文化遗存。

（4）黄海胶州湾入海水系

胶州湾，古称少海、胶澳，位于中国黄海中部、胶东半岛南岸、山东省青岛市境内，为半封闭海湾，近似喇叭形。出口向东，按照 2017 年的测算，胶州湾的面积 370 平方千米，比 150 年前的面积缩小 42％左右。与国内其他海湾相比，胶州湾的面积不算大；但是，注入胶州湾的河流不少，环湾 10 大水系，大小河流共计 31 条。其中，大沽河流量最大，发源于山东半岛烟台市招远市阜山西麓偏西方向 500 米处，流经招远、栖霞、莱州、莱阳、莱西、即墨、平度、胶州、崂山九县（市、区），在胶州市码头村南注入胶州湾。河道全长 179.9 千米，总流域面积为4655.3 平方千米，是常年性河流，其流量约占南胶莱河、墨水河、白沙河及洋河 4条河总流量的 85％，构成黄海胶州湾入海水系。20 世纪末，因为青岛缺水而实施引黄入青工程，使胶州湾间接成为黄河流经的地区。所以，青岛与 2022 年山东省实施的《山东省黄河流域生态保护和高质量发展规划》就有了内在的实践逻辑关系。

胶州湾及其附近地区属暖温带季风气候区，多年平均气温为 12.2℃，8 月平均气温 25.5℃，1 月平均气温－1.2℃，典型的夏无酷暑，冬无严寒，海水终年不冻，是我国长江以北著名的不冻港湾，世界良港青岛港就位于胶州湾的东南部。胶州湾常年温暖，风大、日照时间长，加上优质海水，使这里成为山东省的海盐主产区。因此，胶州湾被称为青岛的母亲湾。胶州湾肚大口小，湾内风平浪静，适宜中小船舶停靠。因此,这里众多连接河流的港口就成为古代"海上丝绸之路"北起航线的重要基地,历史上在长江以北唯一设置过市舶司(今海关)的板桥镇就位于胶州湾北岸。

(二)山东省海洋环境

山东省是我国北方的海洋大省,位于中国东部沿海,山东半岛如一个楔子插入渤海、黄海之中,同辽东半岛和朝鲜半岛遥相对峙。山东省的陆地海岸线从滨州市无棣县的漳卫新河河口至日照市岚山区的绣针河口,全长 3290 千米;全部海岸线长 3345 千米,约占全国的 1/6,在全国各省份海岸线排名中位列第三。山东省毗邻海域面积 15.95 万平方千米,与陆域面积(15.79 万平方千米)大致相当。山东省有海岛 589 个,其中有居民的海岛 32 个,无居民的海岛 557 个,总面积 101.79 平方千米。山东省沿海的滩涂资源较为丰富,滩涂总面积 3223 平方千米,占全国的 15%;山东近海渔业资源种类繁多,其中鱼类 100 余种,主要经济虾蟹类近 20 种,浅海滩涂贝类 100 余种,藻类 130 余种,养殖的多种高端海产品产量居全国前列。山东半岛海岸线非常曲折,海湾密度大,有 200 多个海湾,共有 51 个面积超过 1 平方千米的海湾,海湾总面积 8130 多平方千米,优良海湾众多,十分适合建设港口。青岛、日照、烟台 3 个过 4 亿吨大港就是这些海湾海港的代表,也是我国"21 世纪海上丝绸之路"建设的重要港口城市。

山东半岛东端蓬莱岬上的田横山与对面辽宁旅顺的老铁山之间的岛屿连缀成线,共有 32 座大小岛屿,就像 32 颗珍珠散落在渤海海峡,构成了渤海与黄海的天然分界线,这就是庙岛群岛。群岛北边的部分属于渤海海域,南边的部分属于黄海海域。从山东半岛诸多港口出发,经庙岛群岛抵达辽宁半岛和朝鲜半岛的"海上丝绸之路"北航线,是我国最早开辟的海上航线。

新中国成立后,特别是改革开放以来,山东积极开发建设海洋,20 世纪 90 年代就率先启动"海上山东"建设跨世纪工程,促进了全省海洋经济的大发展。2010 年,山东成为全国第一批海洋经济发展试点地区;2011 年,山东半岛蓝色经济区建设成为全国第一个以海洋经济为主题的国家战略;2015 年,山东青岛和烟台两城市被选为"一带一路"重点建设城市;2018 年,山东省成为我国第一个以新旧动能转换为主题的区域发展战略综合试验区,同年,中国—上合组织地方经贸合作示范区落户青岛,山东成为上合组织内陆国家面向亚太的"出海口";2022 年 2 月,《山东省黄河流域生态保护和高质量发展规划》发布,山东成为积极参与黄河流域生态保护和高质量发展这一重大国家战略的重要一员,山东作为黄河流域唯一河海交汇区,是下游生态保护和防洪减灾的主战场,在动能转换、对外开放、文化传承等领域独具优势,生态保护和高质量发展的潜力巨大。

二、山东省历史沿革

(一)山东省历史简述

山东省简称鲁,现属于华东地区的沿海省份。该地人类发展的历史源远流长,可以追溯到沂源县发现的距今四五十万年、更新世的"沂源猿人"。数以十计、百计的旧石器时代晚期细石器文化遗址和数以千计的新石器文化遗址的发现,证明了数万年来海岱地区历史的连绵发展。距今9000年至7000年的新石器时代中期,泰沂山脉出现了若干群落。一部分南下成为马家浜文化的渊源之一;另一部分繁衍生息于泰沂山北侧东段山前地带,目前这一地带已发现后李、彭家庄、前埠下等10多处遗址。[①] 根据现有的考古资料,海岱地区的后李文化和河洛地区的裴李岗文化属同一时代,二者之间已经有了小规模的交流。但是,裴李岗文化相对先进,对后李文化具有单向文化传播的倾向,如宿县古台寺遗址、后李文化遗存,它们的交流主要通过人员的迁徙完成并主要在海岱廊道的南线进行。到北辛文化(距今7300年~6100年)时期,这一现象有所缓解。到大汶口文化(距今6500年~4500年)、龙山文化(距今4500年~4000年)时期,海岱文化区对河洛文化区产生强势逆转影响,其文化传播和交流的道路不仅包括海岱廊道的南线,还开拓了北线,而且北线的发展更为突出,已经形成南北环线相辅相成的事实。栾丰实[②]和靳松安[③]都认为,海岱文化区对河洛文化区强势逆转,并不是地理环境和气候条件的转变导致的,而是由社会经济的巨大发展、社会组织结构的复杂化以及人类自身生产能力的提高造成的。龙山文化晚期的时间与我国夏朝相重叠。

夏朝(约前2070年—前1600年),是我国史书记载的第一个世袭制朝代。一般认为夏朝共传13代、17后,延续约472年,建立者为禹,灭亡者为桀。禹分九州时,山东属于青州;这一时期山东进入奴隶社会,山东境内"邦畿千里",有众多方国和部落,基本由人方国(东夷族)控制。商朝(约前1600年—前1046年),是我国历史上的第二个朝代、第一个有同期文字记载的王朝。

---

① 张学海. 海岱考古与构建山东古代史[J]. 海岱考古,2007(1):421-434.

② 栾丰实. "中国东方地区古代社会文明化进程"笔谈:海岱地区古代社会的复杂化进程[J]. 文史哲,2004(1):16-18.

③ 靳松安. 试论河洛与海岱地区史前文化交流的格局、途径与历史背景[J]. 中州学刊,2010(3):170-175.

商朝传国 17 代 31 王,延续 500 余年。汤建立商朝,灭亡者是帝辛。汤所在的商族原为黄河中下游的一个部落,所以,山东的西北、中部都曾是商部落的活动中心,也是商王朝统治的中心区域之一;山东中东部的海岱地区是未华夏化的东夷人,商王朝通过设立盟国奄国、薄姑国等对其进行统治。

周朝(前 1046 年—前 256 年)是我国最后一个奴隶制王朝,分西周(前 1046 年—前 771 年)和东周(前 770 年—前 256 年)两个时期。周朝传国 32 代 37 王,延续 790 年;周武王姬发创建周朝,周赧王姬延灭国。其中,东周以周元王元年(前 475 年)为节点,又分为春秋(前 770 年—前 476 年)和战国(前 475 年—前 221 年)两个时期。周武王立国之后,首封辅佐有功的姜太公于齐(侯国),封武王之弟伯禽于鲁(公国),战国时期至金代以前,"山东"是地理区位上的概念。山东大地出现了齐、鲁两个诸侯国,开始了齐文化和鲁文化萌芽、发展、鼎盛、融合的过程,海岱历史文化发展也进入了鼎盛时期。

秦朝(前 221 年—前 206 年),共历 3 帝,享国 26 年;建立者秦王嬴政,嬴子婴灭国。秦王嬴政灭六国统一天下,建立了我国历史上第一个统一的中央集权制的封建王朝,称始皇帝。他废除分封制,代以郡县制;实行书同文、车同轨,统一度量衡;他修驰道、筑长城、北击匈奴、南征百越。山东地区设置有齐郡、东郡、薛郡、琅琊郡等,东方道在山东并入海岱廊道,将海岱地区零散的小王国组合成一个整体,使之成为华夏族的一部分。海岱文化通过"海岱廊道"继续走向中原,齐鲁文化不断融入中原文化,成为中华文化的重要组成部分。秦始皇沿海岱廊道东巡山东半岛,派徐福由琅琊出发东渡,开辟了古代海上丝绸之路北航线。

汉朝(前 202 年—220 年),是继秦朝之后的大一统王朝,分为西汉、东汉时期,共历 29 帝,享国 405 年。建立汉朝的是刘邦,亡国者刘协。西汉将州(初期叫行部)作为行政区,汉武帝时在郡之上设 13 行部(州),每个行部管辖若干郡。山东地区设置了北部的青州,南部、西部的徐州、兖州,豫州辖治的鲁国也涉及山东的一些地区,这些行政区划延续至东汉。两汉时期的山东依然保持经济、文化、军事上的领先发展势头。自张骞出使西域后,山东的丝绸、盐铁、粮食、漆器等产品通过海岱廊道运往长安(今西安),在长安聚集后,再西去沿丝绸之路到达中亚、西亚和欧洲等地;往东,山东半岛成为汉武帝派水军沿海上丝绸之路北航线东征朝鲜并在朝鲜半岛设置四郡的桥头堡。

三国两晋南北朝(220 年—589 年)。三国(220 年—280 年)是中国历史上的一段特殊时期,主要有魏、蜀、吴三个政权存在。山东地区处于北方,主要包括青、兖二州和徐、豫、冀三州的部分地区,都隶属魏国,最终曹魏灭蜀、吴,统一中国,进入晋朝。晋朝(265 年—420 年)上承三国,下启南北朝,分为西晋(265 年—316 年)与东晋(317 年—420 年)。两晋时期,和平时期相对短暂,无论西晋时的八王之乱和五胡乱华导致的衣冠南渡,还是东晋中后期不断发生的内乱外战,都使得山东地区经常成为各种势力争夺的疆域,地方政权数易其主,始终不能稳定。大致上,西晋时期包括山东全境,东晋时期除去乐陵、清河等西北诸郡归属北魏外,其他各郡均归东晋,甚至还设置侨冀州,治历城(今济南)。南北朝(420 年—589 年)时期,南朝(420 年—589 年)包含宋、齐、梁、陈四朝;北朝(439 年—581 年)包含北魏、东魏、西魏、北齐和北周五朝。这一时期,争战频仍,山东地区也一样被不同势力争夺。东晋和刘宋时期,在山东增置侨冀州;其后山东入于北魏,山东地区设有青、齐、兖、徐、光、冀等州;北魏亡,山东属北齐,不久为北周所并。山东地区的社会经济发展多次因战乱遭受破坏,大量百姓南迁,同时外族纷纷涌入,客观上给山东带来民族融合和文化的多元发展。陆、海丝绸之路也时断时续。

隋朝(581 年—619 年),是历经 300 多年的混乱后重新统一中国的朝代,共历 4 帝,享国 38 年;开创者杨坚,亡国者杨侗。隋朝前期实行州县二级制,后期实行郡县二级制,全国 190 个郡,1255 个县;山东被分为十几个州,几十个县。隋炀帝时期三征高丽多从山东半岛和辽东出发海陆夹击,山东半岛作为海上丝绸之路北航线的起点已经十分成熟。

唐朝(618 年—907 年),隋朝之后的又一大一统中原王朝,共历 21 帝,享国 289 年;开创者李渊,亡国者李柷。唐朝时期疆域空前辽阔,极盛时东起日本海、南据安南、西抵咸海、北逾贝加尔湖,出现万国来朝的局面。唐朝开创政区史上道和府的建制,府以下为州、县。贞观元年(627 年)全国分为 10 道,贞观十四年(640 年)全国共设 360 州(府),下辖 1557 县。山东大部分地区隶属河南道,小部分属于河北道,有 20 余州。盛唐时期,由海上来朝的遣唐使大部分从山东登陆,这一时期的海上丝绸之路北航线十分繁华。

宋朝(960 年—1279 年)是上承五代十国下启元朝的朝代,分北宋(960 年—1127 年)和南宋(1127 年—1279 年)两个阶段,共历 18 帝,享国 319 年;开创者赵匡胤,亡国者赵昺。宋朝大体沿袭唐朝的政治制度,一级行政区划改为"路",始定为 15 路,山东隶属于京东路和河北路,后又增置京东西路,曹州、郓州属京东西路。金人控制山东地区时,将山东地区分为山东东路及山东西路。宋朝廷于 1088 年在山东设立密州板桥镇市舶司(在今胶州),这是长江以北唯一设立的市舶司(相当于今海关),主要管理与朝鲜半岛、日本列岛等的外贸业务。

元朝(1271 年—1368 年),是中国历史上第一个由少数民族建立的大一统王朝,开创者忽必烈,亡国者妥欢帖睦尔(元朝退出中原后设立北元,1402年,顺天皇帝摁特穆尔汗坤帖木儿被杀,北元灭亡),共5世11帝,97年。元朝进入中原后逐渐汉化,最高一级行政区为行省,全国设立10个行中书省,行省下有道、路、府、州、县。山东隶属行中书省,下设6个路和8个直隶州,几十个县。元朝末年,为专门办理朝鲜及日本事务,于1363年设立胶东行省,这是历史上胶东地区唯一一次设省。加之早期朝鲜半岛上的高丽已经成为元朝征东行省的一部分,所以,"海上丝绸之路"在山东半岛与朝鲜半岛、日本列岛之间的商贸交往中发挥了重要作用。

明朝(1368年—1644年)是中国历史上最后一个由汉族建立的大一统中原王朝,共传12世,历经16帝,享国276年;创建者朱元璋,亡国者朱由检。明初改行省为承宣布政使司(习惯上依然称省),全国设置两京十三布政使司,司下设府、州、县、卫、所等。山东布政使司(又称行省,包括辽东、北京、天津及河北)下分6府104县,大致奠定了今天山东省行政区域范围:济南府、东昌府、兖州府、莱州府、登州府、青州府,同时还管理着辽东都司。明初,山东有11卫4所,除5卫1所外,其他都设置在山东沿海,后来为加强抵御海上倭寇的威胁和侵扰,又增加至10所。这对"海上丝绸之路"北航线的发展提供了一定的保护作用,也给今天"山东海疆历史文化廊道"建设提供了大量海防遗址和文物。

清朝(1636年—1912年),是中国历史上最后一个封建王朝,共传11帝(清太祖努尔哈赤时期为后金,不计入),统治者为爱新觉罗氏。第一个清帝是皇太极,亡帝是溥仪,国祚276年;从清兵入关,建立全国性政权算起为268年。清统一中原后,在行省设置方面承袭明制,将明朝的两京十三布政使司改为18个行省,省下设道、府(州)、县,后又设新疆省和台湾省等;在东北、蒙古国、新疆设立5个将军辖区;在云贵地区推行土司制度;周边藩属国最多时有19个。"山东省"成为本省的专名,基本沿袭明朝山东的版图,共10府3州96个县。1858年,烟台成为山东第一个开放口岸。1898年,青岛和威海分别租借给德国和英国。

中华民国(1912年—1949年)是辛亥革命以后建立的亚洲第一个民主共和国,简称"民国"。孙中山任第一位总统,蒋介石为最后一任总统。其建立之初,地方行政区划沿清制,全国设23省,省下实行省、府(州)、县三级管理体制;经袁世凯等改制为省、道、县,到南京国民政府成立后废道实行省、县二级管理体制,其中又设专区作为省的派出机构。山东省曾被划分为4道107个县,后废道各县直属省;1945年,山东省下设5个公署21个专属119个县。1899年,因德国修建胶济铁路山东成为德国势力范围;1914年,日军从德国手中夺取青岛获得对山东和青岛的权益；1930 年，国民政府从英国手中收回威海。1937 年抗日战争开始，日军占领山东，1945 年日本战败，山东被国民党收回，直到 1945 年 8 月，中国共产党领导建立了自己的省级政权——山东省政府。

1949 年 10 月 1 日，中华人民共和国成立。华北人民政府通令，山东部分地区划出，与河南、河北的部分地区成立平原省。1952 年撤销平原省，菏泽、聊城、湖西 3 个专区划归山东省，从此山东省一直沿用至今。截至 2023 年底，山东省辖 16 个地级市，共 58 个市辖区、26 个县级市、52 个县，合计 136 个县级行政区。

(二)山东省历史沿革表

山东省的历史沿革见表 1-1。

表 1-1　山东省历史沿革表[①]

朝代	隶属关系	说明
夏朝	青州、兖州和徐州	禹分九州时，山东主要属于青州(今泰山以东之山东半岛)，也包括兖州(山东西部、河北东南)和徐州(淮河以北之江苏、安徽及山东南部)的部分地区。夏、商两代和西周，都还没有完善的地方行政制度，当时也不可能对整个国家进行全面的行政区划，无论是"方国"，还是"诸侯国"，都是一个个独立的国家，与夏、商、周王朝之间都只是松散的臣属关系
商朝	奄国、薄姑国(此外还有人方、旁方、侁、告、丑、纪、薛、儿等方国)	商代行政区划首先是王都及王畿，其次是单，再次是郊野。王畿地区包括今天河南省中北部、河北省南部、山西省南部以及山东省西南一部分。其他四土或四方(方国)常处于变动之中，学界认为不能归入以上的行政区划系统。山东西南部曾是商部落的活动中心，也是商王朝统治的中心区域之一；商初有八次迁都，其中前两次在山东境内。对山东东部未华夏化的东夷人，商王朝通过盟国奄国、薄姑国等对其进行统治

① 肖爱树. 山东历史文化撮要[M]. 北京：知识产权出版社，2008.

孙祚民. 山东通史·上下卷[M]. 济南：山东人民出版社，1992.

沈柏均，李栋. 山东历史地图集[M]. 济南：山东省地图出版社，2016.

民国山东通志编辑委员会. 民国山东通志[M]. 台北：台湾山东文献杂志社，2002.

山东省地方志编纂委员会. 山东省志·自然地理志[M]. 济南：山东人民出版社，1996.

周振鹤. 中国行政区划通史[M]. 上海：复旦大学出版社，2007.

（续表）

朝代		隶属关系	说明
西周		鲁国、齐国、纪、莒、州、淳于、莱、夷、牟、阳、邾、曹、郭、宿、潭、卢、遂、滕等	周王朝把王畿以外的土地分封给同姓、功臣和先代后裔，授以不同的爵位，建立诸侯国以拱卫王室。周初封国中，姬姓诸侯国数量最多，"立七十一国，姬姓独居五十三人"。到昭公二十八年又封了五六十个新国。各诸侯国之下是乡、里
春秋战国时代		齐国、鲁国、曹、滕、薛、邾、莒、杞、牟、郯、郜、阳（还有部分地区分属卫、宋、晋、邢等国）	春秋时期各国征战不已，许多小国相继被吞并。山东地区主要分属齐、鲁两个大国，其他小国还有曹、滕、薛、邾、莒、杞、牟、郯、郜、阳等，另有部分地区分属卫、宋、晋、邢等国。战国时期，齐国吞并大多数小国，形成与秦东西对峙的局面。战国末期，今山东大部分地区归齐，只有南部一部分属楚，一部分归赵。战国后期，郡县制行政区划形态基本形成。只有齐国例外，齐将全国划分为五都，直至秦灭齐统一六国后，秦始皇采纳李斯的郡县制，分天下为36郡，才正式标志着在全国范围内政区建置的开始
秦朝		齐郡、琅琊郡、胶东郡、济北郡、东海郡、薛郡、东郡、砀郡、泗水郡、巨鹿郡、邯郸郡	秦代实行的是以郡统县的二级行政制度。全国由最初分为36郡增加到后来的46郡。山东地域上主要有临淄郡（治临淄）、胶东郡（治即墨，今平度东南）、济北郡（治博阳，今泰安东南）、琅琊郡（治琅琊，今青岛市黄岛区琅琊镇夏河城社区）和薛郡（治鲁县，今曲阜），另有部分地区分属东郡（治濮阳）、砀郡（治砀山）、东海郡（治郯县，今郯城北）、泗水郡（治相县，今萧县西南、淮北西北）和巨鹿郡（治巨鹿）。共设约50个县
汉	西汉	齐、胶东、城阳、济北、济南、淄川、胶西、青州、徐州、兖州	秦末汉初，项羽分封诸将为王，将齐地划分为齐、胶东、济北三国。齐都于临淄，济北于博阳，胶东王都于即墨。刘邦建立西汉，全国设置郡国62个。当时山东地区，大部分为齐悼惠王刘肥的封地。后来文帝把齐国一分为七，即齐、城阳、济北、济南、淄川、胶东、胶西。后来经"七国之乱"，汉武帝把全国分为14个行政监察区，该机构除京畿范围的称作司隶校尉部，其余13个称为十三刺史部，后来通称十三州，山东地域的主要有青、兖、徐三刺史部之地。冀、幽、豫三刺史部各有不少地区延伸到山东境内

（续表）

朝代		隶属关系	说明
汉	东汉	兖州、青州、徐州	东汉时期全国重新划分郡县,但仍分天下为13部,降司隶校尉部为十三部之一,裁去朔方刺史部,改十三州为十二州。后改刺史为州牧,掌一州军政大权,十三州正式成为郡、县之上的一级政区。此时全国设 13 州 105 个郡国。山东地区主要为兖州、青州、徐州,局部地区属豫州和冀州,共有 16 个郡国,163 个县
三国		魏国、青州、徐州、兖州、豫州、冀州	三国时期,山东地区由曹魏管辖。魏国在地方行政区划上仍实行州、郡(国)、县三级制,在全国设有 12 个州 91 个郡国。其中,在山东境内设了 20 个郡国,150 个县,分属青州、徐州、兖州、豫州、冀州。各州辖区与东汉差异不大
两晋		青州、兖州、徐州、豫州、冀州、司州	西晋时期,全国疆域和地方行政区划不变,州的数量增多,辖区变小,分 19 州及西域长史府,173 个郡国,1132 个县。山东境内分属青州、兖州、徐州、豫州、冀州、司州(今聊城的一部分),共 20 个郡国,139 个县
南北朝	北魏	青州、兖州、齐州、济州、光州、北徐州、西兖州、南青州	北魏时期,山东境内有青州、兖州、齐州(治历城)、济州(治卢县,今茌平)、光州(治掖县,今莱州)、北徐州(治即丘,今临沂西北)、西兖州(治东武,今诸城)、南青州(治团城,今沂水)。这一时期州郡设置激增,不少郡名重复
	北周	曹州、沂州、兖州、青州、齐州、光州、徐州、洛州、冀州、沧州、魏州、贝州、邳州	北周时期,统治者对地方行政区划做了较大的调整,全国设置 215 州,552 郡,1056 个县。山东境内有曹州(治左城,今定陶)下辖 2 郡 8 县,沂州(治即丘)下辖 1 郡 4 县,兖州(治瑕丘)下辖 3 军 3 县,青州(治东阳城)下辖 3 郡 9 县,齐州(治历城)下辖 2 郡 9 县,光州(治掖)下辖 2 郡 6 县。还在青州上置总管府,还有一部分地区属于徐州、洛州、冀州、沧州、魏州、贝州、邳州
隋朝		东莱郡、高密郡、北海郡、齐郡、济北郡、鲁郡、琅琊郡、彭城郡、东平郡、济阴郡、东郡、渤海郡、平原郡、清河郡、武阳郡	隋朝时期,郡县三级制改为州郡两级制,废州改郡,以郡统县。山东地区分属于 15 郡:东莱郡(治掖县)、高密郡(治诸城)、北海郡(治青州城)、齐郡(治历城)、济北郡(治卢县,今茌平西南)、鲁郡(治瑕丘,今濮阳东南)、琅琊郡(治临沂)、彭城郡(治彭城,今徐州)、东平郡(治郓城)、济阴郡(治左城,今定陶西)、东郡(治白马,今滑县)、渤海郡(治阳信)、平原郡(治安德,今陵城)、清河郡(治清河)、武阳郡(治贵乡,今馆陶境内),共 166 县

（续表）

朝代	隶属关系	说明
唐朝	登州、莱州、密州、青州、淄州、齐州、济州、郓州、曹州、兖州、沂州、棣州、德州、博州、泗州、徐州、宋州、濮州、魏州、贝州、沧州	唐代,去郡为州,实行州县两级制度。唐太宗对州县大加并省,全国共设 10 道、358 州、41 个都督府、1551 个县。山东地域分属河南道和河北道。河南道面积较大,设在山东的州有登州(治蓬莱)、莱州(治掖县)、密州(治诸城)、青州(治益都)、淄州(治淄川)、齐州(治历城)、济州(治卢县,今茌平境内)、郓州(治郓城,后迁须昌,今东平境内)、曹州(治左城,今定陶境内)、兖州(治瑕丘)、沂州(治临沂)。河北道设在山东的有棣州(治厌次,今惠民东南)、德州(治安德,今陵城)、博州(治聊城)。另有部分地区属于泗州、徐州、宋州、濮州、魏州、贝州、沧州。中唐以后,全国节镇总数达 50 多个,其中驻地在山东境内的有淄青节度使(驻青州)、兖海节度使(又称泰宁军,驻兖州)、郓曹濮节度使(驻郓州,今东平西北)。其他地区分属徐泗节度使、魏博节度使、沧景节度使
五代十国	梁、唐、晋、汉、周政权	五代十国时期,山东先后属于梁、唐、晋、汉、周政权,行政区划基本承袭唐代
北宋	济南府、青州、密州、沂州、登州、莱州、淄州、潍州、袭庆府、兴仁府、东平府、济州、单州、濮州、广济军、滨州、棣州、德州、博州、大名府、开德府、沧州、恩州、永静军等	北宋初期,基本仿照唐制。今山东地区属京东东路、京东西路及河北东路的一部。京东东路(治青州)所辖山东境内的有济南府(齐州升,治历城)和青(治益都)、密(治诸城)、沂(治临沂)、登(治蓬莱)、莱(治掖县)、淄(治淄川)、潍(治北海,今潍城)7 州;京东西路(治应天府,今商丘)所辖山东境内的有袭庆(兖州升,治瑕县,今兖州)、兴仁(曹州升,治佐城,今定陶西)、东平(郓州升,治郓城,今东平)3 府和济(治巨野)、单(治单父,今单县)、濮(治鄄城)3 州及广济军(治定陶);山东北部地区,分属于河北东路的滨州(治渤海,今滨州滨城北)、棣州(治厌次,今惠民)、德州(治安德)、博州(治聊城)及大名府、开德府、沧州、恩州、永静军等。全省设 18 个州府、1 军和 90 个县

（续表）

朝代	隶属关系	说明
金	山东东路、山东西路	金代的地方行政区划基本承袭北宋，改京东东路、京东西路为山东东路、山东西路，这是在历史上第一次把"山东"这个古老的地理区域作为行政区划名称。金末，为抵御蒙古军队的入侵和镇压山东各地农民起义，金朝统治者命尚书户部侍郎梁镗行六部尚书事于山东，从此有了"山东行省"的名称。后又设立"东平行省"，为行省制度的开端
元	东平行省、济南行省、山东淮南楚州行省、益都行省、山东行省、胶东行省、东平路、东昌路、济宁路、益都路、济南路、般阳路、曹州、濮州、德州、高昌州、泰安州、恩州、冠州、宁海州、棣州、莱州、滨州、峄州、沂州、滕州、莒州、密州、登州、胶州、潍州、博兴州、兖州、单州、济州、陵州	元代沿袭行省制度，先后在今山东地区设立了东平行省、济南行省、山东淮南楚州行省、益都行省、山东行省等。由于当时山东是元朝的"腹里"地区，是中央特区，由中书省直辖，故山东地区没有设立行省，而是直接设路和直隶州。今山东地区设有东平（驻须城，今东平）、东昌（驻聊城）、济宁（驻巨野）、益都（驻益都）、济南（驻历城）、般阳（驻淄川）等6路，辖曹、濮、德、高昌、泰安、恩、冠、宁海、棣、莱、滨、峄、沂、滕、莒、密、登、胶、潍、博兴、兖、单、济、陵等24州，共辖103县。由于中书省区域太大，因管理之需，在路之上又设立了肃政廉访和宣慰司为监察区域。山东地区分属山东东西道宣慰司（驻益都）、山东东西道肃政廉访司（驻济南）及燕南河北道肃政廉访司的一部分。这是齐鲁两地历史上第一次合并。元末，为抵御倭寇，震慑高丽，设置胶东行省，这是胶东半岛第一次设省，以胶莱河为界，主要包括登、莱两州
明朝	济南府、东昌府、兖州府、青州府、莱州府、登州府	明朝，山东境内设3道以统各府、州、县。改行省为承宣布政使司，设立山东承宣布政使司，山东由此正式建省，简称为山东布政司或山东省，为大明十三承宣布政使司之一。省会由青州府移至济南府，济南府遂成为山东首府。明朝山东分为六府：济南、东昌、兖州、青州、莱州、登州。山东都指挥使司统领境内各卫所驻军，逐步兼理民事，变为地方一级政区。明代在山东地区共设有9卫10所，分别是安东卫、鳌山卫、灵山卫、大嵩卫、靖海卫、成山卫、威海卫、任城卫、平山卫和雄崖所、夏河寨前所、浮山前所、王徐寨前所、宁津所、寻山后所、百尺崖后所、金山左所、海阳所、奇山所

（续表）

朝代	隶属关系	说明
清	济南府、东昌府、泰安府、武定府、兖州府、沂州府、曹州府、登州府、莱州府、青州府、胶州府、临清州、济宁州、庆云县、宁津县、东明县	清代,山东省下设济南、东昌、泰安、武定、兖州、沂州、曹州、登州、莱州、青州、胶州 10 个府,临清、济宁两个直隶州,共 104 个散县(含 8 个散州)。省治驻济南,其范围相当于今天的山东全境。清政府为监察地方,设立道作为监察区域,道设在省与府之间,山东有三道,即济东泰武临道、兖沂曹济道、登莱青道。另外,直隶的庆云县、宁津县、东明县也属于今山东
中华民国	山东全省被划分为 12 个行政督察区,先后设立济宁、菏泽、临沂、临清、惠民、聊城、牟平等 7 个行政督察专员公署,辖 69 县	1913 年 2 月,山东省设岱北、岱南、济西、胶东 4 个道,共辖 107 个县。后岱北道改为济南道,岱南道改为济宁道,济西道改为东临道,其他未变。1922 年华盛顿会议后日本归还青岛给中国。之后,山东省撤销道一级,省直辖 107 个县。1930 年,国民政府从英国手中收回威海。1936 年 1 月,山东全省被划分为 12 个行政督察区,先后设立济宁、菏泽、临沂、临清、惠民、聊城、牟平等 7 个行政督察专员公署,辖 69 县。其余地区仍直隶于省政府管辖。济南市、烟台特区直隶山东省民政厅管辖。1948 年 9 月,济南解放。中华人民共和国成立前夕,山东部分地区划出,与河南、河北的部分地区成立平原省
中华人民共和国	省会济南,其他地级市有青岛、淄博、枣庄、东营、烟台、潍坊、济宁、泰安、威海、日照、临沂、德州、聊城、滨州、菏泽	中华人民共和国成立初期,今菏泽、聊城部分地区归平原省管辖,临清归河北省管辖。青岛由直辖市改属山东,成为山东省辖市。1950—1960 年,行政区划开始大破大立,其中 1952 年撤销平原省,菏泽、聊城、湖西 3 专区划归山东省。1961—1964 年,山东共三个市:济南、青岛、淄博。1965—1989 年,改革开放之后,开始地市改革。1992 年,山东行政区划趋于稳定,共 17 个市。2019 年,济南与莱芜合并 17 市成为 16 市。至此,山东省辖济南、青岛、淄博、枣庄、东营、烟台、潍坊、济宁、泰安、威海、日照、临沂、德州、聊城、滨州、菏泽 16 个地级市,县级单位 137 个,乡镇级行政单位 1824 个

第二章　探寻"海岱廊道"与"一带一路"

　　海岱历史文化区是山东古人类的起源和发展地区,它以山东的泰沂山系为中心,主要包括黄河、淮河下游地区(鲁苏皖)和山东半岛地区。"海岱廊道"是一条贯穿山东海岱历史文化区的大通道。它因黄河出太行奔涌而下、以海岱地区为轴心南北摇摆而在泰沂山脉的山前小平原和黄泛区之间形成了两个东西向狭长的通道,它们交会于青岛琅琊镇,向东沿海岸线环绕整个山东半岛,形成一个"∞"形的陆、海相连的交通大干线。贯穿山东的"海岱廊道"是我们祖先绵延生息的智慧选择,这里留存了大量的文化遗址:后李文化遗址、北辛文化遗址、大汶口文化遗址、龙山文化遗址、岳石文化遗址等,完善了山东的史前文化序列,并连接了后来的齐鲁文化、儒家文化、红色文化和现代文化。海岱地区与我国黄河中游地区和中原地区联系非常密切,海岱文化与中原河洛文化之间的交流从大汶口文化时期就开始了,海岱文化与东北的红山文化的发展也大致同步,这些都说明:一方面,当时的中华文明各系之间的交通相对通畅,区域文化叠加比较明显;另一方面,中华文明各系之间的相互联系和相互影响是十分密切的。"海岱廊道"就是连接这些文化谱系的一条重要廊道。从亿万年前的七角井细石器文化遗址到距今 3800 年的罗布淖尔墓葬,史前的新疆,也有大量人类活动的足迹。天山南北也形成廊道,既与中亚西亚文化相关联,又与中原华北地区有大致相同的文化历史进程。这些完全依托自然山川地理的原始部落,千百年来为满足生存需要或趋利避害流徙往来,形成自然交通,这些道路是最为经济、最为安全的智慧选择,一旦确定下来,往往千百年不变,基本不会受朝代更替和个人意志的影响。这就为部族安定之后有意识地自主选择交往的部族的部族交通奠定了基础,也为国家成立之后有计划、有组织、有规范地与域外其他国家进行文化商贸往来的社会交通打下坚实的基础。"海岱廊道"与天山廊道就是在自然交通、部族交通发展的基础上逐渐进化为社会交通,成为连接陆上丝绸之路与海上丝绸之路的东西桥梁。

　　从考古学的角度看,桑蚕丝绸起源于黄河中下游的海岱地区。1990 年 10 月 7 日,《走向世界》①杂志社举办了"丝路探源"座谈会,与会专家、学者一致认

---

① 　《走向世界》杂志,创办于 1988 年 6 月,是我国第一家地方权威性对外综合期刊。

为,黄河中下游的海岱地区是桑蚕丝绸的发源地之一。秦汉时期,山东已成为丝绸生产的中心;在唐代,山东上缴的丝绸质量最好、数量最多,为全国之冠。山东是早期"丝绸之路"产生和发展的主要源头。结合海岱地区的考古与文献记载,我们发现,早在春秋战国时期,中华大地就已经形成以"齐纨鲁缟"为中心的丝织业。西汉时期,"海岱地区"的丝绸、鱼盐、铁器、漆器、粮食等大量物资经"海岱廊道"运往长安,与其他地区的物资一起在长安聚集,然后向西经河西走廊、天山南北廊道、中亚、西亚到达今天的地中海沿岸和欧洲,这就是著名的古代"丝绸之路"。同时,插入黄渤海之间的山东半岛,位于中华文明的腹地与东北亚的东西连接之处,沿岸南北纵贯黄渤海直至东海。因此,中原文化向东通过"海岱廊道"经渤海湾向北与东北的红山文化相连通,也可以通过"海岱廊道"向东到达山东半岛诸古港口,然后循海岸水行,沿庙岛群岛到达今天的辽东半岛、朝鲜半岛和日本列岛,从而形成"海上丝绸之路"北航线。距今5000年的"稻米之路",就是从今天的长江中下游地区一路向北,来到山东半岛之后继续北上到达今天的东北地区、向东沿"海上丝绸之路"北航线到达今天的朝鲜半岛和日本列岛的。由此可见,横贯山东的"海岱廊道"是古代连接陆、海"丝绸之路"的交通大干线,也是中华文明与海外文明进行交流的经济线和文化线。所以,研究"海岱廊道"的起源和历史发展是今天山东融入"一带一路"的历史和逻辑起点。

一、廊道与"海岱廊道"

(一)廊道理论

廊道或称走廊,其原意是指连接两个不同基质的狭长地带,具有通道和阻隔的双重作用,属于建筑学和旅游学的范畴。后来,廊道被地理学、历史学、交通学等学科借用,廊道成为两个(多个)民族、两个(多个)国家或地区、两种(多种)文明之间联系的交流通道。比如,费孝通先生在20世纪80年代论及中华民族多元一体化时说:"一条西北走廊,一条藏彝走廊,一条南岭走廊,还有一个地区包括东北几省。倘若这样来看,中华民族差不多就有一个全面的概念了。"按照费孝通先生的观点,根据我国现有版图的地理条件及其特征,这四条走廊(廊道)大致可以将全国划分为若干人文地理"板块",不同板块之间以这些走廊(廊道)连接,从而达到各地区、各民族甚至不同国家,与他们进行经济和人文交流。如果我们把费孝通先生的"走廊理论"(或"廊道理论")放入历史的长河中进行纵深研究,不难发现,"廊道理论"对于中华文明发源初期中华文明不同区域的文化交往也同样适用。

发源于黄河流域的中华文明,在炎帝黄帝时期已经从黄河流域的上、中游高原山地到达中下游的冲积平原地区聚居;炎黄民族为了巩固和扩大领土,他们与南蛮、北狄、东夷、西戎进行了长期的征服与反抗、再征服和再反抗的不断斗争。从三皇五帝到三代时期,进行了长达 3000 多年的争霸,到秦始皇统一中国时,疆土已东至东海,西至临洮,南至岭南,北至长城(燕山脚下)。[①] 除了向东到东海(今黄渤海)外,其他三面都是绵延的崇山峻岭。这些崇山峻岭,可以阻挡住绝大多数游牧民族对中原大面积的入侵,但在山岭的河谷地带则可以形成可供通行的廊道,连接起山脉两边不同文化、不同民族的交往。所以,秦始皇统一中国,是有史以来我国不同民族之间进行最大融合的时期。其中,生活于海岱地区的东夷族,就是通过"海岱廊道"向西将海岱历史文化区的地域性齐鲁文化与中原文化相连接,向东通过"海上丝绸之路"北航线与东北文化相连接,并沿"海上丝绸之路"北航线南下与朝鲜半岛和日本列岛相连接,为中华文明的产生、发展和传播以及东亚、东南亚"儒家文化圈"的形成和发展做出了不可磨灭的贡献。

(二)"海岱廊道"

"海岱廊道"是指位于海岱地区[②]泰沂山脉的南北两侧,沿泰沂山脉的山前冲击小平原及丘陵地带的边缘,南北各自有 10 千米～30 千米宽不等、东西长600 多千米(暂以齐长城的长度 618.9 千米为是)、向西将山东半岛沿海地区和内地中原连接起来、向东到达黄海边缘的交通长廊。"海岱廊道"东起青岛琅琊镇,北线经胶州—高密—青州—临淄—章丘到达济南长清,再往西经肥城—东平到达曹县(今山东最西南端);南线也是从青岛琅琊镇出发,经日照—莒县—滕州到达曹县,在曹县与北线汇合,是贯穿山东东西并连接陆、海"丝绸之路"的交通大干线。"海岱廊道"的南北两线从曹县向西进入中原地区,经开封—洛阳—西安,与古代丝绸之路相连接。所以,"海岱廊道"自古就是连接东方和中原地区的重要交通干道,对促使地域文化——齐鲁文化走向中原,与中原文化融合,成为中华传统文化的重要组成部分起到了极大的促进作用;也是西方文化传入中国,特别是佛教、伊斯兰教、拜火教等传入中国内地的主要通道。"海岱廊道"与河西走廊和"天山廊道"东西呼应,形成横贯中华大地、连接东西文

---

① 司马迁. 史记:第 1 册[M]. 北京:中国文史出版社,2021:266-295.
② "海岱"出自《尚书·禹贡》,原文为"海岱惟青州。嵎夷既略,潍、淄其道"。海岱地区,也称海岱文化区,其中,"海"主要指古东海(今黄渤海),"岱"为泰山,"海岱"合在一起,指以泰山和海洋为地理标志的广袤区域。空间上包括山东全境及苏北地区,并在南北两个方向上向豫皖的淮北区域和辽东半岛方向延伸。

化、融合传统文化的交通物流网和文明融通网。

　　"海岱廊道"向东与"海上丝绸之路"北航线紧密相连。海岱廊道北线向东在潍坊开始分叉,向南、向东两条线路环绕山东半岛:向南的一条环线沿高密、胶州到达琅琊镇,与"海岱廊道"的南线汇合;向东的环线经昌邑、莱州、蓬莱、烟台(芝罘)到达威海,转过荣山头,经乳山、田横岛、即墨到达青岛的胶州湾和琅琊镇,形成一个完整的环线,将山东半岛的诸多优质古港口串联起来,使中国与东北亚之间的"海上丝绸之路"北航线紧密相连。这条由"海岱廊道"连接起来的陆、海"丝绸之路",在唐宋之前是我国与朝鲜半岛和日本列岛进行文化和政治交流的主要通道,也是明清以来中华传统文化继续东渐,形成东亚儒家文化圈的重要交往通道。

二、"海岱廊道"的产生

(一)海岱历史文化区

　　谈"海岱廊道"离不开海岱地区或海岱历史文化区(也有学者称之为"泰沂文化区")。海岱历史文化区是 20 世纪 80 年代初山东考古学者高广仁和邵望平提出来的专业术语,主要以根据山东泰安大汶口遗址的发掘内容而命名的新石器时代文化为代表。大汶口文化分布于黄河下游一带,东至黄海之滨、西至鲁西平原东部、北达渤海北岸、南到江苏淮北一带,主要指运河以东的泰沂山脉及其延伸地区,包括山东省、河北东南部、河南东部、江苏、安徽北部靠近泰沂山脉的广大地区。所以,海岱历史文化区是以山东泰沂山系为中心,主要包括黄河、淮河下游地区和胶东半岛地区。它东临黄渤海、西接中原,与河洛文化区相邻,南北分别与太湖、燕辽两大文化区相邻。很明显,大汶口文化分布区域与海岱历史文化区高度重叠,二者在一定程度上可以互为替代。

　　早在 40 万年~50 万年前,沂源人就生活在海岱历史文化区内,数以十计、百计的旧石器时代与细石器文化的石器、遗址和数以千计的有陶新石器文化遗址的发现,标志旧石器时代的山东人尚处于猿人或直立人发展阶段。新泰人出现在 2 万年~5 万年以前,标志着旧石器时代晚期的山东人已进入现代人阶段,证明了数十万年来海岱地区历史的连绵发展。距今 9000 年~7000 年,新石器时代早期的后李文化主要分布于泰沂山南北两侧,山前地带的小平原上出现了若干群落。一部分南下成为马家浜文化的渊源之一;另一部分北上,繁衍于泰沂山北侧山前地带,形成广泛而丰富的文化遗存。之后是北辛文化、大汶口文化、龙山文化、岳石文化,岳石文化已进入青铜时代,与中原二里头文化及后来的早商文化大体同时。武王灭商后,分封诸侯,海岱地区封国众多,最重要的是齐国和鲁国,由此产生璀璨的齐鲁文化。

1899 年胶济铁路和 1990 年济青高速公路建设时,都发现了大量古代时期的文化遗存,如临淄后李、潍坊前埠下、张店彭家庄、章丘小荆山、西河、邹平孙家、西南村、长清月庄等遗址。通过考古发现,大汶口文化和龙山文化时期海岱地区的气温普遍比今天高 3℃～5℃,与长江流域甚至福建一带的气候相似,不仅温度高而且气候湿润,十分适宜种植水稻等农作物。人们以聚落的形式进行各种生产活动,种植谷物、养殖家禽,在生产生活中创造出光辉灿烂的海岱文化。

从时间跨度上看,北辛文化时期,海岱文化区已经形成。北辛文化是分布于黄河下游一种新石器时代文化,在环鲁中南山地周围,以滕州市官桥镇北辛遗址最为典型,其时间为前 5400 年至前 4400 年。北辛文化时期已形成完整的聚落,孕育了东方最早的农耕文明,饲养业、手工业和陶器制作业等均有很大的进步,社会形态由母系氏族社会向父系氏族社会过渡,所有制形式由氏族公有制向家族私有制转化。除山东半岛存有许多北辛遗址外,在鲁中南山地周围的兖州、曲阜、泰安、平阴、济南、邹平、汶上、张店、青州、莒县、临沭、兰陵和滕州等地,也都发现了距今七八千年的新石器时代文化遗存,其后发展为大汶口文化。张学海认为,到北辛文化晚期,海岱历史文化区已形成两个"环山分布区",即环泰沂山分布区与环胶东山地分布区。栾丰实更为肯定地指出,"至迟到北辛文化时期,海岱文化区就已形成,大汶口文化早、中期阶段是其巩固和发展时期,到大汶口文化晚期阶段和龙山文化时期达到鼎盛时期"[①]。所以,海岱历史文化区是山东文化的重要起源地。

(二)"海岱廊道"的产生

"海岱廊道"是在海岱历史文化区发展到一定历史阶段的产物,它有着自己萌芽、产生和发展的不同时期和不同表现。"海岱廊道"的形成与我国的母亲河——黄河的形成、发展密不可分,是黄河流域文明发展的重要表现之一。

1."海岱廊道"的萌发

通过考古发现可以得出,海岱地区在后李文化[②]时代,生产力已经有了一定的发展,人口数量增加。因山东众多的河流和主要湖泊集中在鲁中南山丘地区与鲁西平原的接触带上,所以,泰沂山区的诸多群落逐渐向西即鲁中南地区扩展,到北辛文化时期,海岱地区与中原河洛文化之间的交流更多,而且呈双向交

---

① 栾丰实.海岱地区考古研究[M].济南:山东大学出版社,1997:213.

② 后李文化,中国新石器时代文化的一种,因首次发掘山东淄博市临淄区后李文化遗址而得名。该文化主要分布在泰沂山系北侧的山前地带,大约出现在前 8500 年—前 7500 年。

流态势。靳松安在《论龙山时代河洛与海岱地区的文化交流与历史动因》[①]一文中认为,海岱地区北辛文化中含有更多河洛地区仰韶早期文化的因素,如瓮棺葬、小口细颈折腹瓶;而河洛地区仰韶早期文化中则只包含少量北辛文化的因素,如三足釜、釜形鼎;所以,这一时期仰韶文化的发展水平显然是略高于海岱地区的北辛文化水平。而且,仰韶时代两地区的文化交流与传播大多是经海岱地区南侧的廊道进行的。究其原因,主要是河洛地区更靠近黄河的中下游,是中华文明的起源地之一。

文明的发展与交通道路的发展有着十分相似的轨迹。以文明发展从中心向四周扩散的一般规律来看,因河洛地区的裴李岗文化和仰韶文化的发展水平要略高于海岱地区的后李文化和北辛文化,所以,文化交流主要从前者向后者单向传播。从地理交通上看,河洛地区位于海岱地区的西南方向,按照文化传播由高向低的流动规律看,一定是西南方向河洛地区的聚落在向东北方向的海岱地区迁徙的过程中,较高水平的生产工具和生活器具被保留和传播开来,从而形成一条由河洛地区向海岱地区不断推行的流动线路图——这就是"海岱廊道"初始的萌动。当然,我们不能将今天的道路套用在古人的行走线路上,古人的文化流动线路更多是通过部落之间的迁徙、战争后获胜品的收缴以及相互之间的物物交换等形式来体现的。所以,其线路更多的是一个大概方向上的区域,范围较为宽泛,且多依赖山川地理的走势。这样,古人选择泰沂山脉的山前小平原与黄泛区之间的安全地带流徙往来也就容易理解了。因此,这时文化流动的大致线路就是裴李岗文化沿着"海岱廊道"南线向海岱地区缓慢传播,进而影响了北辛文化。

2. "海岱廊道"的形成

到大汶口文化[②](距今 6300 年～4500 年)和龙山文化[③](距今 4000 年)时期,海岱文化区对河洛文化区产生强势逆转影响。栾丰实[④]和靳松安都认为,这一变化并不是由地理环境和气候条件的转变所导致的,而是由社会经济的巨大

---

①　靳松安. 论龙山时代河洛与海岱地区的文化交流及历史动因[J]. 郑州大学学报(哲学社会科学版),2010,43(3):158-163.

②　大汶口文化是分布于黄河下游一带的新石器时代文化,因山东省泰安市岱岳区大汶口镇大汶口遗址而得名。分布地区东至黄海之滨、西至鲁西平原东部、北达渤海北岸、南到江苏淮北一带,基本处于汉族先民首领少昊氏的地区,为山东龙山文化的源头。

③　泛指中国黄河中、下游地区约新石器时代晚期的一类文化遗存,属铜石并用时代文化。龙山文化因首次发现于山东省济南市历城县龙山镇(今属济南市章丘区)而得名。经放射性碳素断代并校正,年代为前 2500 年至前 2000 年(距今 4000 年)。

④　栾丰实. 试论仰韶时代东方与中原的关系[J]. 考古,1996(4):45-58.

发展、社会组织结构的复杂化以及人类自身生产能力的提高造成的。[①] 也就是说,这一时期海岱地区的原始部落已经开始有固定的聚落或聚邑形式,也有了原始的农业、渔猎、畜牧、家禽养殖等不同的经济文化类型,甚至产生了原始的交通工具,如驯养的马和狗,为后来部族交通的形成打下了物质基础。例如,龙山文化时期的河洛地区与海岱地区的农业和制陶业发展水平都比较高,海岱地区的农业生产工具与河洛地区的对比,前者要比后者更为先进,不仅形制复杂多样,有铲、镰、刀等,而且农作物种类较为丰富。在海岱地区的日照两城镇和胶州赵家庄遗址考古中都发现了粟、黍、水稻等植物遗存,特别是在山东半岛胶州湾畔的赵家庄聚落遗址中,农业植物考古发现了密度较高(每升土样有 9.68 粒稻)的稻植物遗存,说明水稻是其最主要的农作物,其次是粟。[②] 加之从海岱地区龙山文化遗址中出土的鬹、蛋壳杯、筒形杯、觚形杯等大量器具可以推断,海岱地区的农业水平不仅较高,而且粮食作物种植较为广泛(这也是中国水稻从南方北上,经山东半岛从海路传播到辽东半岛、朝鲜半岛和日本列岛线路的证据之一),已经把粮食用于酿酒。与之不远的胶州三里河大汶口文化晚期和龙山文化时期的遗存中,还出土了数量较多的动物遗骸,包括家猪、狗、海鱼、贝类等,说明这一时期的养畜业获得较大的发展;而蚌刀、蚌镰等新工具以及大量蓝点马鲛、梭鱼等深海鱼鱼骨的发现,说明三里河人的航海能力不可低估,这里已形成农渔养殖共同发展的生产形式。最令人欣喜的是钻形黄铜器的发现,改变了一般认为黄铜的出现较青铜晚的认识,说明三里河人已经掌握了黄铜的冶炼技术,比欧洲出现的黄铜技术早两三千年。同时,三里河发现的玉璇玑,被学者认为是我国制作年代最早的大汶口文化时期特有的玉礼器,向东玉璇玑在辽宁东部沿海登陆,影响着红山文化,暗示海上丝绸之路最早的存在;向西经海岱廊道进入河南、陕西、夏早期统治石峁古城[③]的东夷人带去的玉璇玑影响着整个渝北地区;到商周之际,玉璇玑为代表的玉礼器由中原向北南分流,传入河北、湖北,影响了整个华夏大地。

　　总之,生产力的提高、社会的进步,使得自然交通向部族交通过渡。特别是海岱地区的冶铜业、玉器加工业等一系列专门为显贵服务的行业的出现,奢侈品的流通,说明部族开始有意识地自主地与其他部族进行交换(也可能是掠夺

[①] 靳松安. 试论河洛与海岱地区史前文化交流的格局、途径与历史背景[J]. 中州学刊,2010(3): 170-175.

[②] 靳桂云,王传明,燕生东,等. 山东胶州赵家庄遗址龙山文化炭化植物遗存研究[G]//中国社会科学院考古研究所科技考古中心. 科技考古(第三辑). 北京:科学出版社,2011:36-53.

[③] 石峁(mǎo)遗址,位于陕西省神木市高家堡镇石峁村,是已发现的龙山晚期到夏早期时期规模最大的城址。出土的文物尤以磨制玉器颇具特色,十分精细。

和战争),龙山文化中后期出现了阶层和阶级,原始社会开始解体,社会进入文明时期。

美国民族学家 L. H. 摩尔根认为社会进入文明时代具有三个特点:第一,私有制、阶级的产生;第二,商品货币经济;第三,国家的统治。这三个条件在龙山文化的中后期已经出现,距今 4000 年前华夏大地上已经普遍出现了方国或方国部落。苏秉琦先生对"古国"和"方国"的定义是:古国是指高于部落以上的、稳定的、独立的政治实体,即早期城邦式的原始国家;古国时代以后是方国时代。这一时期重要的标志就是古城址的普遍出现。有学者认为商王朝时期的国家就是一种古国与方国的联合体。据统计,目前海岱地区发现的龙山文化晚期城址较为确定的已有 18 座之多,集中分布在泰沂山脉山前狭小的平原和黄泛区之间的通道上(即海岱廊道)。其中的 3 座大型古城址分布在泰沂山南麓,其余分布在泰、沂山脉北麓,沿古济水走向呈东西一线分布,一直到达今天山东半岛的黄渤海边。这些古城址规模宏大,如城子崖城址、景阳冈城址、教场铺城址等,挖掘出来的遗址面积最大者 38 万平方米,最小者仅 1 万平方米左右,不少古城址中还发现了可能具有宫殿性质的大型夯土基址,都是中原城池无法企及的。海岱地区北侧的古国众多,这些古国或部落之间因其社会经济、生计的联系会产生许多共同的利益,容易组成联盟,部族交通也会因交通设施、交通工具和交通制度的完善而产生交通文化,进入丰富多样的社会交通时代,这既标志着海岱地区走向文明,也标志着"海岱廊道"的形成。

我们把位于海岱地区南北的史前古城址用一根线串起来,就会清晰地看到一条蜿蜒曲折的廊道从泰沂山脉南北两侧的丘陵边缘通过,它围绕海岱地区在黄泛区之间形成一条"C"形环线。我们的先人根据环境、安全、经济等因素选择在这些环线内生息繁衍,创造出灿烂而持久的海岱文化,而每一个聚居点和城墉之间的交流和往来又加强了这些环线的文化融通和联系,形成连接不同文化与区域的"海岱廊道"。"海岱廊道"将海岱地区和中原地区以及东北地区(如辽东偏堡文化[①])连接起来,这在一定程度上佐证了海岱地区与我国黄河中游、中原地区及辽东地区的联系非常密切。其文化上的大致同步性一方面说明了当时中华文明各系之间的交通相对通畅、区域叠加比较明显,另一方面也说明了中华文明各系之间的相互联系和相互影响也是十分密切的。这就为交通文脉的持续发展奠定基础,为后期连接陆、海"丝绸之路"的繁荣和畅通提供了条件。所以,"海岱廊道"是伴随着海岱文化区的形成、发展而自然形成的。

---

① 王闯. 偏堡文化陶器分期与年代[J]. 赤峰学院学报(汉文哲学社会科学版),2011,32(5):10-16.

(三)黄河文化与"海岱廊道"

1.黄河改道与"海岱廊道"

黄河属于晚更新世(距今 10 万年～1 万年)形成的海洋水系,在这之后,黄河下游便围绕海岱地区这个轴心在海河与淮河之间南北摇摆,形成广泛的黄泛区。黄河以"善淤、善决、善徙"而著称,一向有"三年两决口,百年一改道"的说法。据统计,在 1946 年以前有文字记载的 2500 多年里,黄河决口泛滥达 1593 次,较大的改道(摇摆)有 26 次。黄河改道最北端到达海河,夺海河出大沽口入渤海;黄河改道最南端到达淮河,夺淮河入长江到黄海。每次黄河改道都是围绕海岱地区这个中轴线南北摇摆,从而在泰沂山脉的山前小平原和黄泛区之间形成一条呈东西走向的狭长区域,紧紧将泰沂山脉卡在中间,进而将海岱地区南北分出两条狭长的通道,我们把它称为"海岱廊道"南线和北线。由于每次黄河改道或者决口都会带来洪水漫流、灾民遍野,人们纷纷向地势较高的丘陵地区和山脉起伏地涌去;大片的黄泛区内沼泽、湖泊林立,百姓很难在这里长期生存发展,迁徙和流浪成为常态,从而导致黄泛区内难以保留长期稳定的文化遗存。而在黄泛区与泰沂山脉的山前小平原之间形成的地势较高的地段上,人们长期在这里休养生息、繁衍壮大,不仅留下丰富的文化遗存,而且还沿着这条狭长而富饶的区域与其他居住点及其他区域进行文化和信息交流,从而形成十分重要的经济文化交互影响的走廊,这条富饶、美丽、多姿的狭长走廊就是"海岱廊道"。所以,海岱廊道在一定程度上就是黄河孕育发展与文化繁荣过程中的必然产物。

2.海岱文化与黄河文化

海岱文化以早期大汶口文化为代表。海岱文化区早期的人类是沂源人。从 40 万年～50 万年前海岱文化区的早期沂源人到 2 万年～5 万年前的新泰人,标志着旧石器时代晚期的山东人已经进入现代人阶段,其活动范围主要集中在泰沂山脉及其两侧的山前小平原内。到距今 9000 年～8000 年的后李文化时期,古山东人已经进入新石器时代。随着生产工具的改进提升了生产效率,食物的增多带来人口数量的增加,这时的古山东人不仅分布在泰沂山脉南北两侧地区,而且向四周扩散,与黄河中游的裴李岗文化(前仰韶时代)有少量交流,与河北的磁山文化、陕西的老官台文化(北首岭下层文化)、甘肃的大地湾一期文化等也都具有时间上的一致性和地域上的连贯性。到距今 7000 年～6100 年的北辛文化时期,古山东人已经分布到东起黄渤海的山东半岛,西至济南以西,南抵淮河流域,北至黄河流域,海岱文化与黄河文化的交汇与影响更加明显。经大汶口文化(距今 6100 年～4600 年)到龙山文化(距今 4600 年～3900 年)时代,整个黄河流域经历了由平等的农耕聚落形态到不平等的中心聚落形态的演进,进而迈进龙山文化的"万邦"时代。这一时期海岱地区的龙山文化,创造了黄河流域最高的文明形态,是社会大发展、大变革、大分化的时代,也是黄河流域社会发展迈向文明时代的重要过渡时期。因其文化面貌不尽相同,考古学家将在山东、河南、陕西、山西、湖北等地发现的龙山文化遗存分别命名为山东龙山文化、河南龙山文化、陕西龙山文化、山西陶寺类型龙山文化、湖北石家河文化等,统称为龙山时代文化。龙山文化最显著的特征是城址的发现,黄河流域考古发现 20 多座当时的城址,如山西襄汾陶寺、河南登封王城岗、河南新密古城寨、山东章丘城子崖、日照两城镇和尧王城等,其中,有 18 个古城址[①]坐落在海岱廊道上,证实着山东龙山文化的引领地位。在这一格局中,黄河流域还出现了以颛顼、尧、舜、禹等为首的著名邦国和族邦联盟,形成了万邦的政治中心。岳石文化(距今 3900 年~3400 年)时期,已进入青铜时代,海岱文化与中原二里头文化及后来的早商文化大体同时,海岱文化进入发展的相对缓慢阶段,但在黄河流域依然占据领先地位。武王灭商后,分封诸侯,海岱地区封国众多,最重要的是齐国和鲁国,海岱文化再次进入发展的快车道,由此产生了齐鲁文化,成为黄河流域璀璨的明星。之后,秦汉罢黜百家,独尊儒术(鲁文化的代表),海岱地区的鲁文化不仅是黄河文化的重要代表,而且逐渐成为中华文化的重要组成部分。甚至之后历代王朝的国都几乎也都建在黄河流域,黄河文化(鲁文化或儒家文化)成为时代的最高文明。

所以,海岱文化与黄河文化一直是同生互鉴的,它们相互作用、相互依存,共同组成中国传统文化的重要内容。

三、"海岱廊道"促进陆、海"丝绸之路"的萌发

中国历史进入方国时代(即"万邦"时代之后的联合城邦制国家),即龙山文化时期,开启了自己的文明发展史。相传前 2697 年,黄帝继承了有熊国国君的王位(道家把这一年作为道历元年)。《史记·五帝本纪》曰:"黄帝者,少典之子,姓公孙,名曰轩辕。生而神灵,弱而能言,幼而徇齐,长而敦敏,成而聪明。"从此,聪慧坚毅的黄帝带领自己的部落,"轩辕乃修德振兵,治五气,蓺五种,抚万民,度四方,教熊罴貔貅躯虎,以与炎帝战于阪泉之野。三战,然后得其志"。

---

① 海岱地区发现的18座龙山文化城址是:城子崖、边线王、丁公、田旺、景阳冈、皇姑冢、王家庄、教场铺、王集、前赵、大尉、乐平铺、尚庄、尤楼、丹土、尧王城、两城镇、藤花落。

经阪泉之战①,黄帝领导自己的部落打败了炎帝为首的部落,两个部落渐渐融合,开始形成炎黄族和炎黄文化。此时,黄河流域各部落的生产方式逐渐从游牧向农耕过渡,土地已经成为各部落生存与发展最重要的资源。之后,黄帝与炎帝联合起来,经涿鹿之战(距今约4600年)战胜蚩尤统领的东夷部落联盟,将自己的势力从黄河中游向东延伸,一直到黄河下游的海岱地区。炎黄二帝乘战胜蚩尤之余威,继续对四方大肆征讨,并加大对周围部族的影响。久而久之,周围许多氏族要么归顺炎黄族,要么被炎黄族同化,最后黄帝成为中国古代部落联盟首领,被后人尊祀为"人文初祖"。其势力范围,也由一个部落联盟所能统领的狭小地块扩展到整个黄河中下游的广阔区域,包括今天的河南、山东、河北等中原地区和黄淮地区。黄帝、炎帝统一各个部落的过程,就是古代炎黄族即华夏族逐渐形成的过程。每一次部落或方国之间大的战争都会带来人口的增减、土地的掠夺、物资的流动,造成参战族群生存空间和生存条件的重新分配,各族群创建的不同文化或主动或被动地进行直接交流,从而使得黄河中下游的一个个部落建立的城址或聚落之间的联系不断加强,促进了华夏族由远古时代向文明时代的转变。

　　我们把黄河流域考古发现的20多座当时的城址,特别是海岱地区的18个古城址用一条线串联起来,就会发现它们围绕海岱地区南北形成一个椭圆——海岱廊道。其中,北线密密麻麻地坐落了15座古城址,表明了海岱廊道与黄河的紧密联系。同时,把海岱廊道与河南登封王城岗、河南新密古城寨、山西襄汾陶寺等城址连接起来,我们会发现海岱廊道与内地平原的连接与今天海岱廊道与丝绸之路的连接方向惊人的一致,这说明海岱廊道与陆上丝绸之路的连接在远古时期就已经有了萌芽。

　　不仅是海岱地区和中原地区之间会通过海岱廊道进行陆路上的文化交流,而且,这种交流还会继续往东到达山东半岛的最东端,再经过庙岛群岛的连接,将华夏文化向更深的海洋推进,从而促进"海上丝绸之路"北航线的萌发。红山文化与海岱文化之间的相连性可以在一定程度上证明这一点。

————————

　　① 阪泉之战发生于神农氏时代末期(约前26世纪),黄帝征服中原各族之战中,黄帝与炎帝两个部落联盟在阪泉(一说今山西运城解池附近,一说今河北涿鹿东南)发生一次交战,炎帝战败。

第三章 "海上丝绸之路"北航线

一、"海上丝绸之路"

"海上丝绸之路"相较于"陆上丝绸之路"的提出要晚。是法国著名的东方学家埃玛纽埃尔-爱德华·沙畹(Emmanuel-édouard Chavannes,1865 年—1918 年)在他的《西突厥史料》中首次含糊地提及:丝路有陆、海两道,北道出康居①,南道为通印度诸港之海道。今天,"海上丝绸之路"特指中国与外国进行交通、贸易和文化交往的海上大通道,也有"海上稻米之路""海上陶瓷之路"和"海上香料之路"等提法。根据北京大学陈炎教授的研究,"海上丝绸之路"大概有东海和南海线路之分,今天也称之为"海上丝绸之路"北航线和"海上丝绸之路"南航线。东海线路就是"海上丝绸之路"北航线,是春秋战国时期齐国开辟的,以胶东半岛诸古港口如青岛琅琊、烟台芝罘等为出发港,"循海岸水行",经渤海湾湾口的庙岛群岛到达辽东半岛,然后南下朝鲜半岛至日本列岛的黄金通道;南海线路即"海上丝绸之路"南航线,是西汉时始发于广西合浦港(也有广东徐闻港一说),到东南亚、南亚各国,后来又延伸到西亚、非洲和欧洲的海上贸易黄金通道。若要论起哪条"海上丝绸之路"的航线开辟得最早,对中华文明历史的形成、发展和传播影响最大,我们认为是"海上丝绸之路"北航线,也就是从今天的山东半岛诸港口发往朝鲜、韩国、日本的航线。

"海上丝绸之路"北航线萌发于三代时期(夏、商、周),形成于春秋战国,确立于秦汉,兴盛于唐宋,于明清时期式微。"海上丝绸之路"北航线是迄今已知我国最为古老的海上航线,深入挖掘和研究"海上丝绸之路"北航线,不仅对研究今天的"一带一路"建设有着很大的启发意义,更是山东省融入"一带一路"建设最好的切入点和亮丽名片。

---

① 康居,今乌兹别克斯坦撒马尔罕附近,七八世纪唐朝,康居"去长安万二千里",跟当时的大月氏属于同种。东汉时期,康居国是西域 36 国之一,领地很大。南北朝时期,嚈哒势力崛起,康居相对衰弱。嚈哒人西迁后,康居国就不复存在了。

二、"海上丝绸之路"北航线萌芽前夕的社会发展状况

(一)中国舟船浮具的历史沿革与海洋文明的产生

从全球范围看,全新世中期(约 8500～4000 aB.P.[①])是一个温暖的时期(也称中国全新世温暖期)。当时,整个华东、华北甚至东北部分地区的年均气温要比现在高 3℃～5℃。到 7000 aB.P. 时,黄渤海对我国东部沿海地带的海侵达到高峰,海岸线比今天西移了 50 千米以上,山东地区海侵进入今寿光一带。10000—3000 aB.P. 的早中全新世时期也是古黄河水系的大发展时期,尤其是黄土高原出现的"千沟万壑",导致黄河内的泥沙增加,奔腾的河水与海平面的升高迎面相遇,引起水位上涨,因此造成黄河流域洪水泛滥,人类面临空前大灾难。中国神话故事中,"祝融胜共工"后的天塌地陷带来的特大洪水就是这段历史的真实写照,之后的女娲补天传说也是这段历史的反映。6000 aB.P. 前后,平均气温稍有回降,海侵退回到大概今天海岸线的位置,但仍有反复。相传四五千年前,发生了一次特大洪水灾害,黄河流域洪水为患,中华民族团结起来,纷纷与洪水抗争,大禹治水就是这一时期最著名的神话传说。而同一时期的西方,也在经历着温暖期的大洪水造成的灾难,西方神话故事里描述的人们,不是像东方华夏民族那样众志成城抵抗大洪水,而是制造出诺亚方舟将上帝认可的人和动物带上方舟,其他更多没被上帝认可的生灵则遭受毁灭。当然,大禹治水与用水是相辅相成的,在这个过程中,把体轻、防漏、浮力大的自然物体作为泅渡浮具就成为人们在生产生活和运输中智慧的选择。比如,河姆渡遗址中发现了葫芦种子,说明 7000 年前中国就已经栽培葫芦了;而黄河流域的农民为了耕田、渔猎,把几个葫芦拴在腰间做成腰舟用来渡河,甚至到中华人民共和国成立之后还有人使用腰舟渡河。至于黄河上的羊皮筏、浮囊等,虽然缺乏考古发现,但是学者推断这些在养殖业出现之后就有了。所以,我们可以由此推断:大禹治水时期,中国与西方一样已经出现渡水的器具了,只是具体的摆渡工具是独木舟、葫芦舟还是羊皮筏,现在还无法确定。我国较早见于文字记载的船出现在《后汉书·南匈奴列传》中:"其年秋,北虏果遣二千骑候望朔方,作马革船,欲度迎南部畔(叛)者,以汉有备,乃引去。""马革船"就是用动物的皮革制作的船,现已有 2000 多年的历史。

当然,无论是葫芦或浮囊都只可成为浮具,即使南方用竹子或树枝制作的

---

① 绝对年代,a 是公元年的意思,B.P. 是 before the present,现代的科学放射性年代以 1950 年为起点。4000 aB.P. 就是距 1950 年的 4000 年前。

筏都不能算是船,只有具有容器形态的浮具才能称作舟或船。《山海经·海内经》中说是番禺开始做舟,《易经》则说是黄帝、尧、舜挖空木头做成舟,削木以为桨的。如《易经·系辞下》中说:"刳木为舟,剡木为楫,舟楫之利,以济不通,致远以利天下。"河姆渡遗址出土的 6 把木桨,说明早在 7000 年前就已经有舟。那么,与洪水一直进行抗争的黄河中下游地区的炎黄帝应该有舟,大禹治水时期也应该已经出现了舟,只是原始的渡水浮具都是用天然、有机质的树木、葫芦或羊皮等制成,易腐难存。所以,在黄河中下游迄今还未有这一时期浮具的考古发现。但是,陕西省宝鸡市新石器时代文化遗址出土的一件舟形壶,被考古专家认定应当是模仿当时渔猎用舟而制成的陶器,其年代为距今 5000 年左右。此外,湖北宜都市红花套新石器时代文化遗址出土的一件矩形槽,也可能是模仿当时方首方尾平底式独木舟的陶制品,年代为距今 5775±120 年。辽东半岛黄海沿岸和沿海岛屿上也曾出土 3 件舟形陶器,分别为距今 5375±135 年、6000 年和 4000 年,也被考古专家认定是对当时舟的模仿。总之,从我国南方到北方,从中原到沿海,新石器时代的舟形陶器的纷纷发现都说明:这一时期,中华各文明系都已经具备制作和使用舟船的技术,并对河流和海洋的发展规律有了初步的认识,有可能与各个文化系边缘接近的区域已经有了渔猎和舟船技术的接触或交流,这为以后较远区域的海洋文化交流打下了基础。

龙山文化时期(距今 4500 年～4000 年),进入城址时代。到夏朝时期,原始先民的造船技术有所提高,独木舟已经广泛使用,沿海地区渔民的航海工具甚至可能已经脱离独木舟的阶段,或者将两个独木舟联合在一起,或者用大木块组合成较大的船,使渔民摆脱只能在近海渔猎的困顿,可以到距岸边较远的深海捕鱼作业,从而捕获"大鱼"。如青岛胶州三里河龙山文化遗存中出土的大量蓝点马鲛、梭鱼等深海鱼鱼骨,说明这时的三里河人已经有去往深海的舟船工具,这些鱼不是单人独往而是众多舟船一起远离岸边渔猎的结果。《竹书纪年》中记载,夏帝芒[①]在距今 3900 年左右,曾"东狩于海,获大鱼"。这里的"大鱼"被很多学者认为是鲸鱼或鲨鱼,而鲸鱼或鲨鱼自然不会在近海海滨活动,更不是一两只独木舟或船可以狩猎的,加之是夏朝帝王芒在大海上狩猎,一定是众多独木舟或者大船联合,才能在保证安全的同时狩猎"大鱼"。1954 年殷墟出土有鲸鱼骨头的残骸,被认为是沿海邦国朝贡的物品,说明商帝国对海洋已经有一定程度的探索和控制。《商书·伊尹朝献》中记载,商朝大臣伊尹受命制定的四

---

① 夏帝芒(前 1921 年—前 1864 年)在位 18 年,是夏朝第 11 代帝王。芒继位之后,对黄河非常敬畏,不仅举行了隆重的祭黄河仪式,把猪、牛、羊等沉于河中,还把当年舜帝赐给大禹象征治水成功的"玄圭"也沉在河水中,形成了延续数千年的"沉祭"仪式。

夷献令中就有鲨鱼皮的贡品:"正东越沤,剪发文身,请令以鱼皮之鞈,乌鲗之酱,鲛鳂利剑为献。"这些都说明,从夏朝到商朝,东南沿海地区的国家和地区的航海能力已经达到可以进入到较远的深海获取"大鱼",并将制作好的鲨鱼皮进贡的水平。1982 年,胶东半岛荣成发现了商周时期的独木舟,有火灼和使用工具痕迹,应当是金属时代的产物,不晚于距今 3800 年~3000 年。《诗经·商颂》中有"相土烈烈,海外有截"的记载,对"烈"字甲骨文和金文的解析是由漂浮在水面上的旗帜和船头构成,说明威武勇猛的商侯相土已经率领船队到海外开疆拓土。历史上,相土担任商族第三任部落首领时,率族人在商丘附近畜牧耕作,此时正是夏皇帝太康失国对东方无力控制之时,相土乘机快速拓展自己的势力,不断向东方发展,他曾在泰山附近(海岱地区)建立"东都",将自己的势力扩展到黄河下游的广大地区直抵黄、渤海海滨,甚至还率领众战船到达更远的"海外"开疆拓土。由此,我们也可以推断,经过从夏帝芒到夏太康二三百年的积淀,人们的航海能力和航海工具应该进步和提升了很多,相土从山东半岛远航至"海外"也比夏帝芒仅"获大鱼"时所达到的目的大得多了。这些都为胶东半岛与南方沿海地区及其去往东北亚地区进行海运和征伐、形成"海上丝绸之路"北航线提供了扎实的物质技术基础和历史文化上的准备。

(二)"海上稻米之路"

1. 水稻起源于长江中下游并向南北两个方向传播

中国是世界上最早驯化和栽培水稻的国家,可以追溯到距今 1.4 万年~1.2 万年,这个结论可以从湖北玉蟾岩遗址中发现的碳化人工栽培稻标本中得到证明。地球进入全新世温暖适宜期后,水稻从长江中下游快速向南北两个方向传播,迄今为止在中国境内发现的新石器时代稻作遗存遗址有 186 处之多,长江中下游流域遗址的数量最多,黄淮流域的山东章丘西河、长青月庄,河南郑州朱寨、新郑唐户等地的 10 多个考古遗址中也都发现了这一时期的碳化水稻。同一时期,水稻的驯化和栽培也从长江中下游向南方传播,经云南以及华南地区向东南亚、南亚传播,从而形成了以那(地名)为代表的"那文化圈"。

稻作文化与水稻的驯化传播是随着人口的增多和迁移、部落之间的交往或者资源与人口的争夺与战争同时发生的,因水稻产量比旱地作物粟、黍的产量都要高,能够满足更多人口对食物的需求而被众多地区的史前文明选择,并因气候和环境的不同而继续对水稻进行驯化、改良,形成了南方的籼米、北方的粳米。当然,黄淮地区适宜的气温和湿度也为水稻向北方传播与广泛种植提供了气候条件。竺可桢在《中国近 5000 年气候变化的初步研究》一文中提出:我国在近 5000 年中的最初 2000 年里,黄河中下游地区的年平均温度要比现在的高

2℃左右,与今天江淮地区的气温相似。因此,在距今 5000 年~4000 年的大汶口文化后期和龙山文化初期的黄河中下游地区(包括海岱地区)的气温是十分适合种植水稻的。距今 5000 年~4000 年的青岛胶州赵家庄稻田遗址,与其他海岱地区的遗址,如日照两城镇遗址和丹土遗址、连云港二涧村遗址、临淄桐林遗址等,发现的碳化稻米及稻田遗址具有一致性。这就是水稻文化传播的例证,说明水稻向北传播的途径大约是沿长江和淮河的支流逐渐传入黄淮流域和海岱地区的南部,然后继续西去北上。到了大约 3000 年前,除了西北地区,中国境内均发现了水稻遗址,说明那时水稻在中国已经被广泛种植。当然,黄河流域农耕文明本就发达,早已形成比较完整的旱地耕作习惯,距今 7000 年,淮河流域和海岱地区的南部开始出现水稻的种植;距今 6000 年~4000 年,水稻的种植逐渐遍布黄河中下游和海岱地区,形成黄河中下游和海岱地区特有的水稻和旱地作物间种的农业种植模式。随着各文化区域不断交往,水稻文化也继续北上东传去东北亚地区,进而促进了海上丝绸之路北航线的萌发。

2. 稻作文化东传的三条线路

稻作文化(或稻作农业)的东传是一个争议许久的问题,它是指稻作文化向亚洲东北部的朝鲜半岛和日本列岛的传播途径问题。学界对于稻作文化的东传途径有三种观点,即华北线、华中线和华南线三种说法,或者是北线、中线和南线三条线路说。这与今天的"海上丝绸之路"的北线、东海线、南线说基本一致,与遣唐使来中国的三条海上线路也大致重合。南线说,是日本学者柳田国男提出的,他认为稻作文化是由长江中下游南下传到我国沿海的岛屿、台湾岛、琉球群岛,再经冲绳传到九州地区的。他的依据是能驱使中国大陆古代先民携妻拖儿、带着稻种远涉重洋的,必须是极有吸引力的地方和值得为之冒险的目的。这个目的就是寻找宝贝。他认为我国中原地区出土的文物中有用丝线串缀的宝贝,这种贝类是黄河流域所没有的,而许多古代文献中都有中国人曾为寻找宝贝远涉印度洋的记载。所以,古人在乘船去寻找宝贝的途中有可能被冲到琉球群岛,并带去了水稻的种子。但是,从考古上看,琉球群岛、冲绳群岛上都没有发现早期水稻种植的遗址,也没有早期稻作农业的文字记载。冲绳群岛到较晚的时期还处于渔猎经济阶段,也没有产生稻作农业,所以华南路线可能存在问题,至少不是一条主要的传播线路。[①]

中线说认为稻作文化是从长江下游地区直接跨东海传到日本的。这种观点最早是日本学者安藤广太郎在 20 世纪 50 年代提出的,后来更明确地提出

---

① 金健人. 中国稻作文化东传日本的方式与途径[J]. 农业考古,2001(3):78-90.

"江南传入说"。他有三点证据:"第一,中国扬子江沿岸一带的先民是苗族,苗族自古栽培稻谷,其火耕水耨、民食鱼稻的风习与日本先民相同,而且日本稻米的形态与中国江南稻米的形态也相同。第二,关于稻米的叫法,中国春秋时期的吴国叫'缓(nuan)',这与日本、韩国、越南对于稻米的叫法相近,都有一个'n'音存在。第三,江南地区是中国大陆距离日本最近的地区,利用洋流可以比较容易地到达日本。"①这种说法后来不断被中日两国学者所丰富和发展,只是在细节上有所不同。中国学者陈文华在《中国稻作的起源和东传日本的路线》一文中指出,从华北经陆路到朝鲜半岛南端,再过对马海峡到日本九州是当时最方便、最安全也是最频繁的路线,而从山东半岛经海路到韩国再转日本的路线反而是次要线路了。② 安志敏也力主中线说,他认为"由于长江中下游是稻作起源和发达的中心,通过海路直接输入朝鲜半岛和日本列岛是完全可能的"③。但是很明显,一直到唐朝鉴真东渡时,从长江中下游到日本的东海线路依然风险极大。唐朝荣睿在《鉴真东渡日本》中写道:"东海风骤浪高,或船覆,或粮匮,或失向,历十二载,五渡未成。"至于日本早期派遣的遣唐使,基本都是沿"海上丝绸之路"北航线从山东半岛诸古港口上岸,然后沿"海岱廊道"去往长安的,其原因当然是北线基本是循海岸水行,相对安全。所以,唐朝中晚期之前的人们去往朝鲜半岛和日本列岛的首选线路,必然是从山东半岛出发,循海岸水行,经黄渤海之间的庙岛群岛到达辽东半岛,南下朝鲜半岛后,过对马海峡,到达日本的九州及其他地方。至于史前时期的古人,由于其造船技术的限制和对海洋的认识不足,应该是不会直接选择中线从长江中下游横渡凶险的东海去往日本的。所以,水稻的传播中线说的理由也不是十分充分,至少不是水稻传播的主要线路。

东线说,即北路说、华北线路说、沿海路线说,是最早和被引述最多的观点,也被认为是稻作文化向东扩散的主要路线。近几年,随着"海上丝绸之路"研究的深化,东线说被归到"海上丝绸之路"的北线说上。东线说源于瑞典学者安特生的观点,他因为20世纪20年代在河南仰韶文化遗址出土的一块陶片上发现了稻壳印痕,从而断言华北地区在前3000年就有了稻作文化。根据这一思路,众多学者认为日本的稻作农业是从华北到东北,经朝鲜半岛传到日本九州的。1988年,北京大学的严文明教授修正了这条路线,他把这条路线的源头由华北改为华南和长江中下游地区,由陆路经江苏传到山东,经山东半岛跨过渤海到

① 〔日〕柳田国男,安藤广太郎. 稻の日本史[M]. 东京:上筑摩书房,1969:271-272.
② 陈文华. 中国稻作的起源和东传日本的路线[J]. 文物,1989(10):24-36.
③ 安志敏. 中国稻作文化的起源和东传[J]. 文物,1999(2):63-70,92.

达辽东半岛,然后传到朝鲜半岛再到日本九州。[①] 近几十年来,胶东半岛和辽东半岛的考古中有了关于稻作农业的新发现,比如,蓬莱大仲家遗址的大汶口文化早中期陶片中检测到植物种子157粒,其中包括水稻种子,与隔海相望的辽东半岛南部大连市文家屯遗址、郭家村遗址出土的红烧土中检测出的水稻植硅体是同一时期。这为水稻从胶东半岛走海路,经庙岛群岛传播到辽东半岛提供了一个重要线索。但是,如果我们对朝鲜半岛的考古进行梳理,就会发现其十余处新石器时代水稻遗存的遗址主要集中于朝鲜半岛的中部和南部,北部甚少,且年代大多数集中在距今4500年以内,与2011年在胶州赵家庄发现的大汶口文化晚期和龙山文化早期的稻田遗址(距今4600年~4300年)在时间上更为接近。或许韩国在这一时期已经有了水稻的种植,只是目前还未在考古上发现水田或旱田种植水稻,而这个年代应该会与赵家庄稻田的年代重合。所以,日本九州大学宫本一夫认为稻作农业可能是由山东半岛直接东传至朝鲜半岛中南部。近年来,关于稻作农业东传的北线说,已经不再有人坚持由渤海湾西侧、北侧经辽东半岛传入朝鲜半岛的看法,而是认为稻作农业由胶东半岛直接渡海东传至朝鲜半岛中部。[②] 这为我们研究"海上丝绸之路"北航线的多条线路提供了资料。毕竟,从山东半岛最东端的成山头至朝鲜黄海南道龙渊郡的直线距离仅为188千米,如果洋流和季风合适的话,无动力帆船从山东半岛至朝鲜半岛西海岸也就需要三四天时间就可以到达,如果换作古人的独木舟或木筏,需要的时间最多也就增加一日罢了。

3.胶东半岛发现的多个稻田遗址说明"海岱文化"多点向东北亚传播

大汶口文化中晚期和龙山文化早期,中华文明进入三皇五帝时期,中华各个文化区的农业经济都获得前所未有的大发展,海岱地区也有了驯化的旱作农作物粟、黍、麻和野生大豆(菽),加上从南方传来的水稻,"五谷"已经具备。从连云港的藤花落遗址到日照两城镇遗址,再到青岛胶州三里河遗址和距之不远的赵家庄遗址考古发现的碳化稻米、蓄水坑等稻田遗存(4000年以前),以及烟台杨家圈遗址中发现的稻壳、稻茎、稻叶印痕等,这些都是海岱地区大汶口文化和龙山文化时期稻作农业在山东半岛的典型代表,说明稻作农业从长江中下游向北传播到黄淮地区、海岱地区,首先在山东半岛的南岸获得较大发展,继续向北、向东形成整个山东半岛特有的稻旱混作农业文化现象。之后,这种特有的农业文化又与其他文化因素相结合继续北上东扩,通过庙岛群岛跨过渤海海峡或环渤海湾西岸,传播和扩散到辽东半岛、辽东平原甚至更远的东北亚地区。

---

① 蔡凤书.中日交流的考古研究[M].济南:齐鲁书社,1999:73-74.
② 栾丰实.海岱地区史前时期稻作农业的产生、发展和扩散[J].文史哲,2005(6):41-47.

如大连市大嘴子遗址中出土的 6 个盛装稻谷和高粱的陶罐,经碳 14 测年可知稻谷年代为距今 3045±75 年,说明辽东半岛在距今 3500 年左右已经有了水稻的种植,具备了成熟和发达的农业技术,而这项水稻种植技术很可能是从山东半岛传播过去的。而朝鲜半岛上发现的基础稻谷文化遗址的绝对年代在距今 3000 年左右,这就更加佐证了严文明教授指出的水稻东传线路是长江下游—山东半岛—辽东半岛—朝鲜半岛—日本九州,再到本州这样一条以陆路为主、兼有短程海路的弧形路线,水稻种植技术是以接力棒的方式传播过去的[1],而这五站都有稻谷标本的发现提供了佐证。日本大阪府和泉市教委曾在 2001 年宣布,近畿地区弥生时代(前 3 世纪—3 世纪)的池上曾根和唐古·键两处古代人居住遗址出土的碳化稻米,经脱氧核糖核酸(DNA)鉴定,是从中国大陆传播到日本的,年代大概为前 2300 年—前 2200 年。从时间上可以推导出:水稻是从山东半岛传播到辽东半岛,再传播到朝鲜半岛,再到日本九州北部,继而传播到整个日本。这个水稻传播北路线路与海上丝绸之路的北航线基本一致。

4. 山东半岛的地理位置有利于"海上丝绸之路"北航线形成

从地理区位看,山东半岛像个楔子直插黄渤海之间,与辽东半岛和朝鲜半岛的距离都很近。山东半岛与辽东半岛之间最近处只有 58 海里[2],山东半岛东南端的成山头离韩国的釜山港只有 90 海里左右,无论从山东半岛去辽东半岛,还是去朝鲜半岛,在顺风顺流的情况下都是十分方便的。况且山东半岛与辽东半岛之间还排列着 30 余个岛屿组成的庙岛群岛,像一座珍珠桥把两个半岛连接起来。庙岛群岛各岛之间的距离也很近,最近的两个岛之间只有几海里,最远的是庙岛群岛的北隍城岛,它与辽东半岛南端的老铁山相隔 22.8 海里,在没雾的晴天里,两岛的山头清晰可见,如果借助木板或大的树枝,顺季风和洋流当日就能到达对面。这种地理环境给古代人的经济文化交流和海上交通提供了极大的方便,是海上丝绸之路北航线形成的主要地理成因。

现有观点认为,在黄渤海成陆期间,胶、辽两地原始先民可能已经开始相互交流,只是由于缺乏相关的考古资料无法明确证实。但是,龙山文化到岳石文化期间(距今 4500 年~3600 年),胶东半岛和辽东半岛两地的文化面貌已经趋于一致,而这种文化的趋同性就是借助连接二者的庙岛群岛实现的。从庙岛群岛的考古资料看,其文化总体面貌属于胶东史前文化序列,同时又受辽东半岛史前文化的影响。胶东半岛出现的带有辽东半岛史前文化特征的器物较少,且

---

① 严文明. 略论中国栽培稻的起源和传播[J]. 北京大学学报(哲学社会科学版),1989(2):53-56.

② 1 海里=1852 米。

多出自庙岛群岛,而辽东半岛出土的具有史前文化特征的器物多带有胶东半岛史前文化的特征,说明文化传播的方向主要是从胶东半岛向辽东半岛传播,暗示了胶东半岛文化的先进性和强势性,这也为之后中原文明的东传奠定了基础。

庙岛群岛的独特地理位置为胶东半岛和辽东半岛文化的传播提供了区位基础。砣矶岛位于庙岛群岛的中部,岛上发现的大口遗址是一座龙山文化和岳石文化时期的聚落遗址,一期遗址距今约 4500 年。通过对大口遗址典型的文化遗存,如陶器、墓葬、祭祀遗存等文化因素进行分析,考古专家认为大口遗址的陶器有胶东半岛龙山文化杨家圈、岳石文化照格庄类型文化特征,说明庙岛群岛的文化深受胶东半岛的影响。这当然与庙岛群岛距离胶东半岛较近的地理环境有关,但是也说明在胶东半岛、辽东半岛两地文化的交流过程中胶东半岛文化的先进性和对庙岛群岛的影响具有强势性。这里的人口迁徙也是从胶东半岛方向过来的更多,并通过庙岛群岛这个"海上桥梁"将胶东文化传播到辽东半岛,这可以从大连老铁山遗址出土的豆、罐等器物与大口遗址出土的十分相似中得到证明。朱亚非、裴文中[1]、宋承钧[2]、王富强[3]等人也都撰文认为在文化交流方面,胶东半岛对辽东半岛的影响是主要的、强烈的,辽东半岛对胶东半岛的影响是次要的、微弱的,仅局限在庙岛群岛[4];且认为正是通过庙岛群岛这个"海上桥梁",才构成山东沿海—辽东半岛—朝鲜半岛西海岸—日本列岛这一海上交通线,即"北方海上丝绸之路"。

5. 气候因素促进"海上丝绸之路"形成

山东半岛属暖温带季风气候,秋冬季受温带大陆气团控制,来自西伯利亚的寒流形成蒙古高压,影响我国整个北方地区。每年 11 月到来年的 4 月,西风气流带来的偏北大风形成季风,可以吹鼓风帆,使北方的船舶乘风南下,从而形成北方无动力船舶大批量向南方航行的壮观景象;而 5 月至 10 月的西太平洋副热带高压和大陆热低压带来的东南季风,则会给南方船舶北上提供强大的动力,从而形成南方无动力船舶大批量向北方航行的景况。这是我国历史上最早、最著名的南北海运航线形成的气候原因,也是"海上丝绸之路"南北航线形成的一个重要因素。每年的夏秋之交,西太平洋上经常形成台风,它们穿越琉球群岛的北纬 25°线,进入东海;一部分台风向西,在台湾岛和福建、浙江一带沿

---

① 裴文中. 从古文化及古生物上看中日的古交通[J]. 科学通报,1978(12):705-707,722.

② 宋承钧,史明. 胶东史前文化与莱夷的历史贡献[J]. 东岳论丛,1984(1):84-87.

③ 王富强,孙兆锋,李芳芳. 先秦时期胶东与辽东文化交流及其演变[J]. 东方考古,2015(1):7-27.

④ 中国社会科学院考古研究所. 中国考古学·新石器时代卷[M]. 北京:中国社会科学出版社,2003:312.

岸登陆;一部分台风向东,转去日本和朝鲜半岛登陆;还有一部分台风稍偏西北,直扑黄海,影响到我国江苏沿海和山东半岛、辽东半岛一带。由于山东半岛探出黄渤海之中,阻止了台风带来的海流暗涌直接北上,肆虐的台风从陆地上呼啸而过,而海流暗涌遇陆地而折返,在海岸流的作用下直扑胶东半岛西南端的青岛和荣成,携带巨大能量的海流继续向东北方向冲去,经庙岛群岛到达辽东半岛和朝鲜半岛的西海岸。所以,每年夏秋之际的台风和海流暗涌,既为古代南方的商船北上提供了天然动力,同时也极易使当时的平底无动力海上商船葬身海底(东晋高僧法显就是因台风船舶受损后,顺着风向来到山东青岛崂山登陆的)。

从史前时期我国古人发明的独木舟到明朝郑和的宝船,再到清朝往返海外的"泰兴"号大型海洋帆船,虽然这些船舶在工艺和材料上不断进步,结构更加复杂,规模不断扩大,船型不断翻新,但是,它们都属于无动力平底帆船,都需要借助于季风和海上洋流的助力才能够在一望无际的大海上航行。比如,山东梁山出土的河船(明代)、山东蓬莱一号和蓬莱二号海船(明代)、浙江象山海船(明代)等,都属于平底无动力木船,也都有桅结构,说明它们都是以风帆作为推动力的,而平底结构又能使船舶在海上航行时更平稳、更能抗击风浪。所以,平底帆船是我们的先人进行航运时首选的船舶,他们利用季风和洋流推动进行南北方航行和东西交流,促使了海上丝绸之路南北航线的形成。

三、"海上丝绸之路"北航线的萌芽

(一)"海上丝绸之路"北航线萌发于三代时期山东半岛诸古港口

距今2万～1万年前,地球上最后一次冰期——"第四纪大冰期"结束了。随着气候逐渐变暖,海平面不断上升,到距今6000年左右,海侵达到最高点,抵达山东半岛北岸寿光的牛头、广陵,寒亭的固堤,昌邑的柳疃,平度的新河一线。黄淮流域的诸多入海河流中海水倒灌,大水泛滥,这就是中国著名的上古大洪水时期,大禹治水的故事就出现在这一时期。一直到距今4000年左右,海水退去慢慢形成今日胶东半岛和辽东半岛大致的地理格局,黄河等入海的河流也开始稳定下来。这一时期也正是原始社会向奴隶社会过渡的时期,社会生产力迅速发展,产品有了剩余,人口不断增多,部落之间发生战争,也不再把俘虏杀掉,而是作为奴隶为贵族劳动。相传大禹死后,禅让制被破坏,他的儿子启继承王位,建立了我国历史上第一个奴隶制王朝——夏朝。在这个社会大动荡的时代,人口的流动与迁徙也相对比较频繁,前章记述的庙岛群岛上的族群大多是从胶东半岛迁移过去的考古结论就是例证。同时,位于胶东半岛最东端的荣山

头,距离朝鲜半岛的西海岸也很近,季风和海流适宜时,也能在 3～5 天之内到达;相传箕子去往朝鲜就是从山东半岛南面的胶州湾畔乘舟渡海的。当海岱地区处于龙山文化发展的高潮时,与夏商时期大致重合。海岱地区的农牧业和渔业都在不断地发展,族群也在不断地分裂和迁移,甚至族群之间因争夺资源而发生战争,那些战败的族群就会背井离乡,去寻找新的居住地,这在客观上会促进生产技术和物质文化的提升与传播。无论是积极主动的迁徙,还是战败被迫的迁徙,各族群都会带着五谷的种子、生活器物和生产工具、牲畜等;同时,生产生活中的风俗、习惯甚至宗教信仰等也会随着族群的迁徙而被带到新的聚居地。水上交通手段和交通工具的改良,为沿河、沿海地区族群的迁移和文化传播提供了更加便利的条件,也会形成独特的交通文化。从大禹治水"陆行载车,水行载舟",到商末遗臣箕子东渡朝鲜半岛,再到春秋战国时期齐国国君少海扬帆畅游等事例,都说明了三代时期的山东半岛是我国"海上丝绸之路"北航线的萌芽生长地。

(二)上古时期胶东半岛的海上活动

五帝时代(约 4500 年前),海岱地区的大汶口文化被龙山文化取代,成为整个黄淮流域文化的核心与高地,并向周边省市及沿海地区蔓延,从而形成一个有着传承关系的文化圈。比如,从胶东半岛发展到辽东半岛,从鲁中地区发展到河南、河北、江苏等地,这都是以海岱地区为核心的龙山文化区域。从大汶口文化到龙山文化再到后来的夏商文化,它们密切相关并逐代传承,所以,海岱文化是中华文化的重要起源之一。同时,中华文化通过山东半岛(胶东半岛)在辽东半岛、朝鲜半岛和日本列岛之间形成文化传播的交通干线,这条线路至少在唐宋之前一直都是最为重要的传播线路。

龙山文化时期的胶东半岛被郭沫若在《中国史稿地图集》中标注为莱夷。"莱"通"来",《辞源》对"来"字的解释是"小麦名曰来";甲骨文中"来"作为象形字是一株小麦的形象,本义指小麦;《说文》认为:"来,周所受瑞麦来麰也。一来二缝,象其芒束之形。天所来也,故为行来之来。"而"莱"是"来"字加上"艹"字头,本义是指一种一年生草本植物,其嫩苗可食。《诗·小雅·南山有台》中说:"南山有台,北山有莱。"这是"莱"字的本义,引申后泛指杂草。王献唐在《山东古国考》一书中说:"莱人之名称来源于莱人首先培育了小麦。莱人是首先发明麦种者,亦即原始之农业民族。"小麦发源于中东波斯地区,那里的古人携带小麦种子一路向东(陆路还是海路有争议),不断迁徙来到胶东半岛,并在此成功培育小麦。所以,距今 4500 年前,胶东半岛已经开始种植小麦了。根据胶州赵家庄水稻田遗存考古①（距今 4500 年）的结论,这一时期的胶东半岛已经形成旱、稻杂种农业了,且通过黄、渤海湾口的庙岛群岛,即使是使用独木舟或者木筏,也可以向辽东半岛和朝鲜半岛传播。所以,上古时期的胶东半岛应该是使用比较简陋的独木舟或木筏,开始沿海路去往辽东半岛和朝鲜半岛。

"夷"是一个会意词,从大从弓,合起来表示人持弓。本义为讨平、平定。《说文》云:夷,平也。因为上古时代东方部族善于使用弓箭,也以"夷"代指东方部族,如四方部族分别称为"东夷、西戎、南蛮、北狄"。"东夷"就是指上古时期活动于山东中、东部海岱地区的原始部落。在上古神话中,蚩尤是"东夷"人的祖先,当"神农氏世衰"之时,蚩尤带领九黎氏族部落在海岱地区(河南、安徽、山东、河北交界处地区)兴农耕、冶铜铁、制五兵、创百艺、明天道、理教化,形成了生产力水平较高的龙山文化,并随着人口的增长不断向四周迁徙,对周边其他文化区形成辐射效应。在部族人员向西迁徙的过程中,与从西部黄土高原东迁的炎黄部族相遇,为争夺适于放牧和浅耕的中原地区,在距今 4600 年左右的涿鹿相遇,蚩尤部族与黄帝、炎帝的部族在此展开大战,史称涿鹿之战。战争的结果是蚩尤失败并被杀,东夷部族的人口、土地、财物等尽归炎黄部族所有。拥有先进冶炼和制陶技艺的工匠也一并被带去中原,从此,中原地区与东夷族人开始不断融合交往,龙山文化早中期,海岱地区在与中原河洛地区进行文化交流时处于主导地位,古代华夏族由远古时代走向文明时代,并最终形成中华民族的雏形。而在海岱地区与中原河洛地区之间的文化交流中,也形成了海岱地区与中原河洛地区之间的交通文化,这为海岱廊道连接中原并西进丝绸之路奠定了基础。

根据资料记载,五帝时期,中原文化通过莱夷人与东北地区的少数民族也有过交往。如黑龙江流域的少数民族"勃鞮之国",曾"乘波而至中国",并"献黑玉之环,贡元驹千匹"。后来,"帝以驾铁轮,弛劳殊乡绝域,其人依风泛黑河以旋其国"②。说明黑龙江少数民族"乘波"从海上而来,这个"海"很可能就是渤海,即黑龙江少数民族南下到辽东半岛,然后"乘波"从庙岛群岛到达胶东半岛,再经海岱廊道来到中原。上一章中我们介绍辽东丹东、大连长海县、大连旅顺等地在考古中分别发现了距今 6000、5000 和 4000 年左右的舟形陶器,山东庙岛群岛的大黑山岛也发现了距今 4000 年左右的木舟船尾残迹,山东荣成湾北部郭家村发现了新石器时代的独木舟一艘等,说明这一时期的海上交通工具主

---

① 靳桂云,燕生东,宇田津彻郎,等. 山东胶州赵家庄遗址 4000 年前稻田的植硅体证据[J]. 科学通报,2007(18):2161-2168.

② 楼祖诒. 中国邮驿发达史[M]. 郑州:河南人民出版社,2017:12-13.

要是单个独木舟或多个独木舟联合在一起。从胶东半岛将中原文明经庙岛群岛传播到辽东半岛,再南下到达朝鲜半岛和日本列岛,这就是"海上丝绸之路"北航线的早期线路。

(三)夏朝时期的航运

夏朝(约前2070年—前1600年),是中国史书中记载的第一个世袭制朝代。其开国皇帝禹因治水有功,被尊称为"大禹"。大禹治水遇到河流、湖泊需要"水行乘船",说明这一时期水运的主要工具就是船,从舟到船的飞跃标志这一时期的造船技术和航运水平获得了较大的提高。尧舜时期,因海侵导致黄河流域水患严重,时常泛滥的洪水不仅使辛苦耕种一年的庄稼颗粒无收,还会夺走百姓的财物和性命,造成难以估量的灾难。所以,治水就成为当务之急。禹的父亲鲧首先被举荐治水,但他用堵的办法治水,结果失败了。之后禹被举荐治水,他吸取父亲治水失败的经验教训,采用疏浚的方法,经过13年的努力,将黄河水引入大海,最终解决了黄河的水患问题。另外,还有一种观点认为,这一时期的大洪水是因为黄河上游地震引发了滑坡,坝体溃决而导致的。2016年8月5日,*Science* 杂志发表了南京师范大学地理科学学院研究人员吴庆龙博士、赵志军副教授、白世彪教授等撰写的研究论文 *Outburst flood at 1920 BCE supports historicity of China's Great Flood and the Xia dynasty*(《公元前1920年溃决洪水为中国大洪水传说和夏朝的存在提供依据》[①]),在学术界引发强烈反响。根据考古资料,他们认为前1920年左右(约4000年前),黄河上游发生过大地震,引起山体滑坡,形成巨大的堰塞湖。当湖水漫过坝顶,形成流量巨大的溃决洪水,向黄河中下游推进了2000千米以上,并可能破坏了黄河中下游的天然堤坝,引发黄河多年的泛滥,从而有了"大禹治水"的故事。无论是海侵说还是地震说,大洪水、"大禹治水"、夏朝的历史真实性以及起始年代等问题,都会随着考古和众多学者研究的不断推进而获得越来越多的支持。

大禹治水时,带领众多手下,跋山涉水,水里来浪里去,不断与水打交道,自然促进了治水工具和水运舟船的突破,带来了造船技术和航运技术的巨大发展。《史记》记载:"禹伤先人父鲧功之不成受诛,乃劳身焦思,居外十三年,过家门不敢入。……陆行乘车,水行乘船,泥行乘橇,山行乘檋。左准绳,右规矩,载四时,以开九州,通九道,陂九泽,度九山。令益予众庶稻,可种卑湿。"文中不仅记载了我们十分熟悉的大禹治水"三过家门而不入"的故事,还说明了当时大禹

---

① 吴庆龙,赵志军,刘莉,等. 公元前1920年溃决洪水为中国大洪水传说和夏王朝的存在提供依据[J]. 中国水利,2017(3):1-5.

治水所用的测量工具"左准绳,右规矩",以及当时的交通工具"车、船、橇、硂",说明大禹时期已经有了陆路行使的车、水运航行的船、雪地滑行的橇、登山使用的硂。当然,这时的"车、船、橇、硂"等,其舒适性和快捷程度无法与今天的交通工具相比,但是,至少我们知道夏朝时期的水陆交通工具已经具备远行的条件了。

夏的统治中心西起河南省西部、山西省南部,东至河南省、山东省和河北省三省交界处的中原地区,南达湖北省北部,北及河北省南部,河南洛阳偃师二里头遗址为夏朝都城已成为学界共识。由于夏始祖大禹以善治洪水著称于世,所以他的后人也比较重视水域、水运,到夏第六代帝王少康的儿子予时,他"征于东海",将夏王朝的军事政治势力由中原地区扩张到沿海一带。[①] 到夏朝第九代帝王芒的时候,他开启了对黄河延续千年的沉祭,并"东狩于海,获大鱼"。《史记·夏本纪》也说"其包橘、柚锡贡,均于江海,通淮、泗"。根据席龙飞的观点,这里的"均"古代读作"沿",是顺水航行的意思。[②] 也就是说,"橘、柚锡"这些贡品,从南方沿江入海,循海岸水行北上,再逆淮水而上转入泗水,经海岱廊道到达中原,这就将内河航运与沿海海运联合在一起了。河海联运如此四通八达,我们甚至可以推测,夏芒帝沉祭之后,很可能是乘船沿黄河顺流而下的,他乘船从中原到达"东海",并"获大鱼"。当时有大批随从跟随芒帝,组成浩浩荡荡的船队,直奔东海(今天的黄渤海)。所以,夏代的河运肯定已经有了一定的规模,而地处黄渤海的山东半岛,其航海运输也已经具备可以远离海岸线到较远的深海"获大鱼"的能力。如青岛胶州三里河大汶口文化和龙山文化遗址中发现有大量的贝壳、鱼鳞及鱼骨,通过对鱼骨进行鉴定,发现当时的人们可以捕捞到只有外海才有的鱼类,如蓝点马鲛等。由此看来,当时人们的航海能力是不可低估的,而龙山文化(距今 4500 年~4000 年)晚期对应的时代与夏朝初期是大致相同的。

(四)商人箕子东渡朝鲜

前 1600 年,商汤灭夏桀,建立了商王朝。商灭夏以前,是我国东部黄河下游(海岱地区中西部)的一个部落,在夏朝的中期,商的势力就开始从黄河下游发展到中游(即由海岱地区西渐发展到中原),逐渐渗透到夏王朝统治的地区。《竹书纪年》记载:"帝相十五年,商侯相土作乘马,遂迁于商丘。"这是说相土当部落首领时,乘夏王太康失国对东方无力控制之机,迅速扩展自己的势力,将自

---

① 姚楠,陈佳荣,丘进. 七海扬帆[M]. 香港特别行政区:中华书局(香港)有限公司,1990:10.
② 席龙飞. 中国古代造船史[M]. 武汉:武汉大学出版社,2015:41.

己的统治西迁到黄河中下游的商丘一带,而在以前的势力范围泰山附近建立了
东都,并顺黄河继续东扩抵达黄渤海一带,还同"海外"发生联系——"相土烈
烈,海外有截"。考古资料证实,远古时期的商丘境内河沟纵横、湖泊密布、沼泽
连片、丘岗连绵,相土要想迁移、百姓要想交换,就必须要有船只,而且也一定要
有众多的船只,才能满载货物和人员迁徙,或者到达黄渤海,甚至渡海到对面的
地方进行运输和交换。

1899年,考古学家在河南省安阳县小屯村发现殷商遗址,出土的甲骨文(我
国已发现的最古老的文字之一)中就有分散多处的"舟"字及与"舟"有关的字,
从甲骨文的"舟"字(表3-1)可以看出它是由纵向和横向构件组合而成。舟字的
横线代表舱壁或肋骨等构件,它既能支撑船的两舷,也可以将舟体分隔成若干
隔仓,起到不同的作用,说明这时的"舟"已经不再是独木舟,而是将两个独木舟
用横向板材加以固定形成更大的舟体,或者是以横向板材将两个纵向板材加以
固定的舟体,甚至这些横向板材可以将多个纵向板材接长形成一个更长更大的
船,从而形成真正的木板"船"。所以,舟发展到船,既是造船技术和工艺的发
展,也是航运发展的客观物质基础。

表 3-1 "舟"字字形演变

甲骨文	金文	大篆	小篆	隶书

商朝末年,纣王荒淫无道,导致众叛亲离,海岱地区的人方古国(今鲁南、淮
河一带,"海岱廊道"南线地区)带头起义反对商纣王,纣王对叛乱方国的大规模
征伐,导致国都空虚,武王趁机讨伐,商最终亡国。灭国之后,一部分商人遗族
联合起来反对周朝统治,引起周公、成王东征。一部分商人遗族不愿做亡国奴,
逃往他地。"殷末三仁"之一的箕子因不愿意做亡国奴带族人出走朝鲜就是逃
走的典型例子。《太平寰宇记·四夷·朝鲜》记载:"朝鲜,周封箕子之国。昔武
王释箕子之囚,箕子不忍食周粟,走之朝鲜。武王闻之,因以朝鲜封之。"《朝鲜
史略·箕子》也载:"周武王克商,箕子率中国人五千入朝鲜,武王因封之,都
平壤。"

箕子率领族人及部下出走朝鲜,是从中原出发的,他们一路往东,到达黄渤
海边后(学者大多认为是在胶州湾乘船东渡的)泛海东渡。由于史书的记载过

于简略，以至于后人很难知晓箕子率族人行走的具体线路图。所以，我们只能根据箕子的出发地与朝鲜之间的空间位置以及箕子与商朝旧时方国之间的关系来合理推断其东行的大致线路图。史书记载，商周变易之际，被纣王囚禁的箕子趁乱逃往箕山（今山西晋城市陵川县棋子山——箕子封地）。武王灭商建周后，求贤若渴，访道太行，找到箕子，恳请治国之道。箕子将夏禹传下的《洪范九畴》讲给武王听，史称箕子明夷。但箕子不愿做周朝的顺民（《尚书·微子》中，箕子曾对微子说："商其沦丧，我罔为臣仆。"），因此不肯再出山，并趁武王走后，迅速率领弟子与遗老故旧 5000 余人，匆匆离开箕山向东方而去。众所周知，商朝本身起源于黄河中下游地区，与海岱地区的众多方国关系密切，如徐、淮九夷等，这些方国对周王朝的统治不服，后与纣王之子武庚联合发起三监之乱。因此，我们据此推断，箕子带族人行走的线路应当首选商朝贵族所在的海岱地区，也即从山西越过黄泛区进入山东，然后沿"海岱廊道"到达山东半岛的海边，在这里乘船循海岸水行，到达朝鲜半岛，建立了箕子朝鲜。仔细查看地图就会发现，箕子从山西进入山东到达海边有南北两条线路。其一，北线：箕子带族人从山西出发经鹤山、安阳（殷商都城朝歌），进入山东西北部，经聊城、济南，沿"海岱廊道"北侧行走，这里有殷商古国蒲姑国，有莱夷、风夷、黄夷、嵎夷等方国，然后到达山东半岛的东北端——芝罘（今烟台），之后乘船沿渤海湾口的庙岛群岛到达辽东半岛，再南下到达朝鲜半岛。其二，南线：箕子带族人从山西向东南方向进入河南，经新乡进入山东西南，过菏泽、济宁，沿"海岱廊道"南路向东，这里有奄国、郯、莒、介等古国，然后到达黄海边上的胶州湾，从这里乘船，向东到达成山头，再向东到达朝鲜半岛；也或转过成山头，向北航行到芝罘，然后沿庙岛群岛向东渡海到辽东半岛，再南下到达朝鲜半岛。箕子到朝鲜半岛后，在平壤驻扎下来，建立了自己的部族新居——史称箕子朝鲜。

所以，不论箕子选择南线还是北线，最终都是要进入山东，沿着"海岱廊道"的南北两线到达山东半岛的东部海边，再从山东半岛的诸古港口出发，或跨海直接到达朝鲜半岛，或循海岸水行，沿庙岛群岛向东到达辽东半岛，再从辽东半岛南下，渡过鸭绿江到达朝鲜半岛。这就是早期"海上丝绸之路"北航线的线路图，在西周初年已经十分清晰了。

《史记》载，箕子在封于古朝鲜后的第十三年，曾回到中原朝见周天子。当他经过殷商故国，看到熟悉的景象时，十分伤心，便作《麦秀之诗》咏叹："麦秀渐渐兮，禾黍油油。彼狡僮兮，不与我好兮！"诗中所说的"狡僮"指的就是商纣王。这是说，因为商纣王的昏庸导致商朝灭亡，原来商朝的都城朝歌已经城毁宫坏，长满了绿油油的麦苗。这首诗歌说明，朝鲜的箕子，与周朝之间曾经有过一定的政治和经济往来。对西周武王的册封,箕子是否接受不可而知,但是他的儿子子松则接受了朝鲜侯的封号,也称韩侯。之后,中国和朝鲜之间多有往来,也大多走这条日渐成熟的"海上丝绸之路"北航线。

(五)春秋战国时期,齐国成为名副其实的"海王之国"

春秋战国时期,海岱地区存有多个诸侯国,其中,齐、鲁两个诸侯国势力比较大,形成较为著名的地域性文化——齐文化和鲁文化。春秋五霸之首的齐国,因政治经济上的强盛,加之地理位置的优势,将"海上丝绸之路"北航线推到一个崭新的发展阶段。

1. 少海漫游

《史记·齐太公世家》载:"太公至国,修政,因其俗,简其礼,通商工之业,便鱼盐之利,而人民多归齐,齐为大国。"这是说,齐国姜太公治理国家时,顺应当地的风俗习惯,简化各种行政管理手段,由于当地盛产鱼盐等特产,大力发展工商业,宽松的社会环境导致各地人民纷纷去往齐国,齐国逐渐成为当时的大国。到齐桓公时,因管仲等人的辅助,齐国逐渐成为春秋五霸之首,国力强盛,在经济和政治上具备了进行大型航海活动的条件。史料记载,齐国曾有两位国君进行过大型海上巡游活动。除了齐桓公,齐景公时也进行过多次海上巡游。《晏子春秋》载,齐景公"欲观于转附、朝舞、遵海而南,至于琅琊"。《说苑》中有齐景公"游于海上而乐之,六月不归",《韩非子》中有"景公与晏子游于少海"等记载。据考证,转附、朝舞、琅琊,分别是今天的烟台芝罘、荣成成山头和青岛琅琊台,它们既是山东半岛上的重要港口,也是海上丝绸之路北航线的众多启航点。少海就是今天的胶州湾,湾大口小,湾内风平浪静,是北方难得一见的常年不冻港,板桥镇和青岛港都建在这里。由此可见,齐景公巡游航海的线路,基本上是沿山东半岛海岸线由北往南而行,这正是"海上丝绸之路"北航线的黄、渤海部分。如果从此南下,就与海上丝绸之路南线相交叉,而往东就到达辽东半岛和朝鲜半岛了。齐国两位国君沿山东半岛进行的大型海上巡游活动充分说明,当时齐国的航海技术和航海设备已经相当成熟,足够支撑齐国国君进行多次、长时间的航行巡游。同时,齐国国君半年之久不在都城皇宫内而外出海上巡游,必然要带领大夫晏子等众多大臣陪同,以管理国家的日常政务和政令下达。可以想象这样的情境:当齐国国君的大船队到达某个港口时,各种往来书信和物资便都会到这里汇集进行交换,政令也随之下达。这就要求伴随海上航线的逐渐成熟,陆上交通也要实现相应的发展。至少,在一些较大的港口之间要有比较便利的陆、海交通线的交会。如胶州湾南岸的琅琊港(青岛),就是典型的陆路"海岱廊道"的最东端和"海上丝绸之路"东起航点交会的点。海上来的货物和政令可以通过海岱廊道快马加鞭,快速送达琅琊与国都临淄之间的每一个城镇,从而使齐国的上下政令联通起来;同样,内地的人员和货物也可以通过海岱廊道到达琅琊,通过海路运往南北或东北亚其他沿海城市,以达到通济天下的目的。所以,正是因为"海岱廊道"这条陆上交通干线串联起山东内陆广大的腹地,琅琊港才有可能成为春秋战国时期著名的五大古港口①中、连接南北东西海运最重要的港口——北连碣石(秦皇岛)、转附(烟台),南接会稽(绍兴)、句章(宁波),东西连接山东半岛、辽东半岛和朝鲜半岛。否则,一个港口环境再好、海湾再优良,如果没有广阔的内陆腹地和便利的陆上交通,它也无法成为一个繁忙和重要的港口。

2. 齐吴大海战

春秋战国时期,群雄割据,不仅内地各诸侯国之间相互征伐、谋取霸权,就是东部沿海的一些大的诸侯国之间也时常爆发较为激烈的海战,以获得海上霸权。其中,齐、吴、越等就是拥有庞大舰队的海上强国。前485年,青岛琅琊附近的黄海海面上,爆发了著名的齐吴大海战,这是我国史书记载的第一次大海战,也是西太平洋上第一次有记载的大海战。《史记》记载:"齐鲍氏弑齐悼公。吴王闻之,哭于军门外三日,乃从海上攻齐,齐人败吴。"据史书记载,齐军有强大的水师,尤其在战斗中使用了新式武器"钩拒",钩住吴船乘机砍杀,从而打败吴水师。此后,齐国成为名副其实的"海王之国",其强大的海上军事力量,足以保证"海上丝绸之路"北航线的安全畅通。

当然,不断强大的齐国更多是使用通商手段与吴、越、朝鲜等沿海国家进行经济交往并使之臣服的。《管子·轻重甲》中有一段最早记载中国与朝鲜半岛通商的文字:"吴、越不朝,请珠象而以为币乎? 发、朝鲜不朝,请文皮、鬼服以为币乎? ……一豹之皮,容金而金也,然后八千里之发、朝鲜可得而朝也。"这里的"八千里"明显是指距离较远的国家或地区,他们都是通过海上航行与齐国进行联系或者朝贡的。由此可见,不仅是齐国,其他沿海诸侯国,如吴国、越国和朝鲜(这里明显被对等为诸侯国)等,在港口、航海技术上也已经有了较大的发展,足以支撑较长距离的海上运输。再如史书中曾记载楚人伍子胥投吴后,与吴王阖闾谈论如何训练水军时说:"船名大翼、小翼、突冒、楼船、桥船,今舡军(即水军)之教比陵军(陆军)之法,乃可用之。"可见吴国的战船已经分为众多的类别,那么用于日常运输物资与人员往来的船只的发展水平也应该与之相差不大了。《淮南子》中有对越国人航行的描述:"胡人便于马,越人便于舟。"可见越国的造

---

① 春秋战国时期五大古港口,从北往南是:碣石(秦皇岛)、转附(烟台)、琅琊(青岛)、会稽(绍兴)、句章(宁波)。

船业与航海技术也达到了一定的水平。这样,当所有沿海诸国的造船业和航海业都已经发展到相当的水平之后,相互之间的海上运输和贸易就会变得越来越多、越来越重要。位于连接南北、互通东西的山东半岛上的齐国诸多古港口,也随之日益繁荣,齐国的转附(烟台)和琅琊(青岛)就是在这种情况下成为春秋战国时期五大港口中的两个重要港口。并且,以这两大港口为统领,从山东半岛的诸多古港口出发,经庙岛群岛到辽东半岛、再到朝鲜半岛进行航运和商贸的东西航运航线,共同构成了"海上丝绸之路"北航线。

四、"海上丝绸之路"北航线的形成

(一)"海上丝绸之路"北航线形成的标志——徐福东渡

前 221 年,秦始皇扫平六国,建立了我国历史上第一个统一的封建专制帝国。他将临海各诸侯国的水师全部统领起来,使秦国的海上航行和开拓力量大大增加。之后在位的 11 年里,秦始皇五次全国巡视,四到胶东,三到琅琊。不仅如此,秦始皇到达琅琊后,"乃徙黔首三万户琅邪台下"[1]。战国时期齐国的国都临淄人口也才七万户,而秦始皇一次往琅琊迁徙的军户就多达三万户。这足以说明秦始皇与越王勾践迁都琅琊[2]的行为一样,都是因琅琊在政治、军事、经济、地理等方面的重要性而看重琅琊这个地方的。从琅琊的地理区位看,向西可以经"海岱廊道"南线进入中原,向北则可以沿"海岱廊道"北线进入富庶的齐地,向东可以尽享鱼盐之利(琅琊是当时四大盐场之一),向南可以攻守吴越之地。所以,地理、交通及经济上的优越条件是琅琊成为春秋战国时期五大古港口之首的主要原因(这也是齐吴大海战爆发的本质原因)。琅琊港既是商贸良港,也是军港,是春秋时期沿海诸国争相抢夺的重地。齐国的稷下学宫名扬天下,齐鲁大地人才济济,仅是琅琊郡就有王氏、诸葛氏[3]等 14 家名门望族,其他诸侯国想以此为跳板招揽人才,这也是其他诸侯国重视琅琊的原因之一。至于秦始皇重视琅琊,并往琅琊大量迁徙军户,还有一个其他诸侯国没有的原因,那就是琅琊港作为南北海上丝绸之路的交会港,人多财力足,可以为秦始皇派徐福带 3000 童男童女、百工和护航的士兵入海求仙提供足够的后勤保障。

---

① 司马迁. 史记:第 1 册[M]. 北京:中国文史出版社,2021:266-295.

② 据《竹书纪年》记载,至迟前 468 年(也有《吴越春秋》说,前 472 年,勾践灭吴的第二年,就开始在琅琊兴建台馆,望东海,动用戈船 800 艘,死士 3000 人,航行盛况尤为壮观)越王勾践由会稽(今绍兴)迁都琅琊。《越绝书》也载,越王勾践在琅琊定都共计三代 90 年,也有说是 9 代 210 年的。

③ 琅琊王氏,是长期生活于琅琊这一特定行政区域内的王姓望族,是中古时期中原最具代表性的名门望族。东晋达到最盛时期,史称"王与马,共天下",代表人物有王祥、王导、王羲之、王俭等。琅琊诸葛氏是三国时期主要的势力家族之一,诞生了以诸葛亮为代表的先贤古圣。

《史记》载，秦始皇二十八年（前219年），在"南登琅邪""留三月"的海上巡游时，接到了齐人徐福等方士的上书，说海中有"三神山"，山上有长生不死药。于是，秦始皇便"发童男女数千，入海求仙道"。秦始皇派徐福带了一支多达3000人的庞大船队，去探求"三神山"。徐福首次渡海的出发地，是山东半岛南端的琅邪。琅邪是当时的航海家出海向东的主要港口，从这里出发循海岸水行，绕过成山头到达芝罘，向东沿庙岛群岛航行可以到达辽东半岛，再南下到达朝鲜半岛，经对马海峡到达日本九州及其他岛屿。徐福第一次入海求仙人的尝试以失败而告终。前210年，徐福再次来到秦始皇面前以求入海求神药，并诈曰："蓬莱药可得，然常为大鲛鱼所苦，故不得至，愿请善射与俱，见则以连弩射之。"秦始皇同意了，派徐福二次出海求神药。这次徐福率船队入海远航，还是经过了琅邪—成山头—芝罘—庙岛群岛，再往东就没有记载了。但是，按照惯常的航行，从庙岛群岛往东，只能到达辽东半岛和朝鲜半岛，如果继续南下，就必然到达日本。《史记》载："徐福得平原广泽，止王不来。"众多学者认为，徐福带领众多童男女、百工和士兵最终到达了日本，但是徐福到达日本之后，就在那里称王不再回来了。

秦始皇命徐福东渡，是我国历史上第一次以国家名义进行的海上航行，说明从山东琅邪（也包括山东半岛诸多港口）出发，循海岸水行，到达芝罘后，向东经庙岛群岛到辽东半岛，再南下进入朝鲜半岛和日本列岛，已经是一条比较畅通的海上交通线，徐福东渡事件标志着"海上丝绸之路"北航线的正式确立。

秦始皇在对统一后的六国进行废分封、立郡县、书同文、车同轨、行同轮、兴驰道、建长城、疏河渠、通漕路的同时，又派蒙恬、王翦、屠睢等大将开拓边疆。其中，屠睢大将不仅经略岭南地区，而且征服南越、占领西瓯。秦始皇设置南海郡、桂林郡和象郡等，并迁徙几十万北方农民戍守，给当地带去北方黄河流域先进的生产技术和航运技术。北方军民与越人杂居，共同开发珠江流域，为"海上丝绸之路"南航线的开辟在技术和文化等方面奠定了基础。所以，从"海上丝绸之路"的形成时间和对中华文化的融合与传播等角度看，"海上丝绸之路"北线的确立要比南线更早一些。

（二）"海上丝绸之路"北航线的夯实——汉武帝东征朝鲜、"光武赐印"

1. 汉武帝东征朝鲜

汉武帝四岁时被封为胶东王，他成为皇帝之后九次来山东，六次巡视山东海疆，四次登琅邪，由此可见汉武帝对山东及其沿海一带的重视。汉武帝还十分重视水师（海军）的建设，他在巡游海疆的时候，多次亲自出海航行。其行为虽然不乏"信惑神怪"之意，以冀求长生不老之神药，但是，客观上却对加强汉朝海防、推动海洋探险与发展造船业、海运事业等起到了积极的推动作用。汉武帝元封二年(前 109 年)至三年(前 108 年)期间,正值汉朝与卫氏朝鲜关系恶化之时,刚刚形成的东方海上丝绸之路也因此严重受阻。据《汉书·武帝纪》记载:"朝鲜王攻杀辽东都尉",汉武帝"遣楼船将军杨仆、左将军荀彘将应募罪人击朝鲜"。元封三年春,汉武帝巡幸胶东半岛,主要是视察对卫氏朝鲜用兵部署情况。当年夏天,在汉朝水陆大军的猛烈攻势下,朝鲜人"斩其王右渠降,以其地为乐浪、临屯、玄菟、真番郡"。汉武帝在朝鲜半岛设置四郡就是这次陆海联合作战之后的事情。自此以后,"海上丝绸之路"北航线始得畅通。

汉武帝"东巡海上""北至碣石,巡自辽西",四次到达琅琊;另外,他还南巡江西、湖南等长江中下游地区。汉武帝率庞大的船队沿江而下,出长江口沿黄海北上,抵达山东半岛的琅琊及芝罘等地,最北到达辽东半岛。可以说,汉武帝纵行中国东部沿海的中北部。其中,汉武帝巡视次数最多的就是琅琊—成山头—芝罘这条"海上丝绸之路"北航线,说明了这条航线的成熟与重要。东南与南方沿海的平定,特别是闽越的统一,促进了中国古代南洋航海业的发展,标志着"海上丝绸之路"南航线的开辟。这样,我国沿海南航线与北航线串联了起来,促成了南北"海上丝绸之路"的首次连接,也是我国疆域从陆地到海疆的第一次全线贯通。

汉代船舶的体势已经比较高大了,且有多重甲板。《史记·平准书》记载,这一时期的"楼船高十三余丈,旗帜加其上,甚壮"。按当时的"丈量"计算,"十三余丈"高的楼船高为 25～27 米(有今天的 8～9 层楼高),令人难以置信。还有记载汉时有"豫章大舡,可载万人"的文字,这似乎有些不可能,故后人将它改为"汉时有豫章船,一艘载一千人"。这也已经足以见得汉朝的船势之盛了。东汉人刘熙曾在《释名》中,对汉代大型船舶有所介绍,说这大型船舶上下有三层建筑,第一层曰"庐",第二层"其上重室曰飞庐,在上,故曰飞也",第三层"又在上曰爵(雀)室,于中候望之如鸟雀之警示也"。① 我们可以想象,当汉武帝坐在高达 8～9 层楼高的楼船上,率领船队浩浩荡荡"东巡海上"时,其场面该有多么壮观啊。

汉武帝时,不仅有楼船,其他结构、形态和用途的船舶也名目繁多。《释名》中曾对汉代战舰进行过十分详尽的介绍:"军行在前曰先登,登之向敌阵也;狭而长曰艨冲,以冲突敌船也;轻疾曰赤马舟,其体正赤,疾如马也;上下重床曰槛,四方施板以御矢石,其内如牢槛也;五百斛以上还有小屋曰斥候,以视敌进

---

① 孙光圻,张后铨,孙夏君,等. 中国古代航运史:上卷[M]. 大连:大连海事大学出版社,2015:166.

退;三百斛曰舟周,舟周,貊也……二百斛以下曰艇,艇,挺也。其形径挺一人所行也。"除此之外,还有"舠舟弓"与"舟发"(枝)等,都是航运大船。这些楼船和战舰武装起汉代的水上力量,为汉武帝平定叛乱和开拓疆域发挥了重要作用。前112年冬,汉武帝派伏波将军路博德、楼船将军杨仆以及戈船将军、下厉将军和驰义侯兵,分5路,率10万海、陆军队会攻南越、番禺。在与百越的多次用兵中都使用了水师和陆师两面夹击的战略,最终大破南越军,攻战了番禺。甚至当南越王吕嘉逃到海上时,伏波将军还派战船去追击并活捉吕嘉。平定南越吕嘉叛乱之后,汉武帝在南方设立南海、苍梧、郁林、合浦、交趾、九真、日南、珠崖、儋耳九郡,开辟了主要面向"南洋"的"海上丝绸之路"南航线。

汉朝时,人们对季风已经有了一定程度的认识,并将其应用于航运活动中。如在平叛吕嘉的战斗中,汉水师"两次的船军和海军都是在秋季出发南行,顺利获胜,显然是在航行进军中充分掌握和利用了秋冬季节北来的季风的"①。同样,元封二年,汉武帝征讨朝鲜时,也是在秋季进行的。因为这一时节,山东半岛正处于西北风使劲向东南吹的时候,汉武帝"遣楼船将军杨仆从其齐浮渤海"②,齐地好儿郎扬起战船上的风帆,借助季风的助力,从山东半岛启航向东向南到达朝鲜半岛西海岸,准备与辽东出兵的左将军荀彘南北夹击攻打朝鲜。楼船将军杨仆率水师先行到达朝鲜,但是,因人少、不熟悉地形等原因,海军被朝鲜守将击败,没能与辽东出发的士兵形成南北夹击之势。但是,汉朝最终还是平定了朝鲜,第二年在朝鲜半岛设立了乐浪郡、玄菟郡、真番郡和临屯郡四郡,将朝鲜半岛的绝大部分地域置于汉王朝的管辖之下。而从山东半岛的琅琊、烟台、成山头等诸多古港口乘战舰出发,循海岸水行,从庙岛群岛到达辽东半岛,再南下到达朝鲜半岛,走的就是"海上丝绸之路"北航线。这场以国家名义派海军远征进行的对朝战争,是建立在"海上丝绸之路"成熟基础上的尝试,它彻底夯实了"海上丝绸之路"北航线,为以后中国与朝鲜半岛和日本列岛之间的海上交流打下了坚实的基础。

2."光武赐印"

从朝鲜半岛东南沿岸跨过朝鲜海峡(或釜山海峡),就可以到达日本的对马岛,再绕东岸南行,经对马海峡就可以到达冲岛,从冲岛到大岛,这就到达日本北九州沿海了。日本《秦徐福碑文》上的木牌记载:"徐福渡来记,第七代孝灵天皇六年时,徐福在秦始皇实行苛政之下,循世来求不老不死之仙药,率三千童男女,携五谷百工乘船入东海,至常世之熊野飞鸟地,止于此初。"日本也有不少史

---

① 黄庆昌.论西汉王朝与南越国的关系[J].南方文物,2003(3):72-78.
② 司马迁.史记:第9册[M].北京:中国文史出版社,2021:332-343.

料记述了徐福到日本的情况,如《神皇正统记》《林罗山文集》《异称日本传》《同文通考》等。松下见林在《异称日本传》中说:"夷洲、澶州皆日本。相传纪伊国熊野之山下有徐福墓。熊野新宫东南有蓬莱山,山前有徐福祠。"新井君美在《同文通考》中说:"今熊野附近有地曰秦住,土人相传为徐福居住之旧地。"这些记载证实了徐福到达日本的事实及当年徐福行走的线路。当然,徐福是否真如上述所说到达了日本本岛? 还是如有些学者认为的徐福第二次出海去了美洲呢? 这些都还需要考古发现的支持,但是,至少徐福出海东渡并到达"平原广泽"的事实是毋庸置疑的,且从北九州向东南方向航行,由关门海峡进入濑户内海,再经大阪湾,最后到达和歌山县新宫町附近的熊野滩这条航线在当时已经开辟出来也是事实。那么,徐福东渡促进了山东半岛与朝鲜半岛之间比较成熟的海上交通线路继续向日本本岛延伸连接就是可能的了,这条线路在两汉时期获得了更大的发展。"光武赐印"就是在这样的背景下出现的。

"光武赐印"是指东汉光武帝(前6年—57年)在位期间给来汉的倭奴国王下赐金印。我国古籍中记载,两汉时期,日本列岛已经出现许多部落小国,各自开始与中国建立友好往来的关系。《三国志·魏书·倭人传》中载:"倭人在带方东南大海之中,依山岛为国邑。旧百余国,汉时有朝见者,今使译所通三十国。"《后汉书·东夷传》中载:"倭在韩东南大海中,依山岛为居,凡百余国。自武帝灭朝鲜使驿通于汉者三十许国。国皆称王,世世传统。其大倭王居邪马台国。乐浪郡徼,去其国万二千里,去其西北界拘邪韩国七千余里。"这些都说明,汉代,日本列岛已有百余部落小国,其中能与汉朝相互翻译语言并交好的小国有30多个,它们与中国大陆通过海上航行进行交往。《后汉书·东夷列传》载:"建武(25年—55年)之初,复来朝贡。时辽东太守祭肜威詟北方,声行海表,于是濊、貊、倭、韩万里朝献。"这是说,光武帝初年,因国力强盛,东方的高句丽又开始向东汉朝贡。同时,辽东太守充分震慑着北方的游牧民族使之不能南下,于是,濊、貊、倭、韩等小国可以安全地沿着"海上丝绸之路"北航线不远万里前来朝贡。到57年,"建武中元二年,倭奴国奉贡朝贺,使人自称大夫,倭国之极南界也。光武赐以印绶"。这就是"光武赐印"的记载,"印绶"是后来在日本发现的"汉委奴国王"金印。

1784年,在日本九州福冈县志贺岛上,一位农民于该岛西南海岸一块大石下发现一枚蛇钮金印,遂上缴官府。金印上刻有"汉委奴国王"五个汉字,它的出土轰动了当时日本朝野。1922年,日本政府在金印出土地刻石立碑:"汉倭奴国王金印发现之处。"该金印印面呈正方形,边长2.34厘米(约为东汉铜尺的一寸见方),上刻"汉委奴国王"字样。印台高约0.91厘米,台上附蛇形钮,蛇钮高

1.21 厘米,下设横通小孔,用以挂绶之用。该印精美非常,装饰有蛇形钮、鳞状鱼子纹,阴文篆书,笔画饱满,方中有圆,章法平而不板,虚实相间,印面古朴、浑厚,为汉印之上品。该印净重 108.729 克,含金量高达 95.1%。经鉴定,此印为汉光武帝赐给倭国的金印。这与史书记载是完全一致的。《后汉书·东夷列传》记载:"建武中元二年(57 年),倭奴国奉贡朝贺,使人自称大夫,倭国之极南界也。光武赐以印绶。安帝永初元年(107 年),倭国王帅升等献生口百六十人,愿请见。"从倭奴国王被授金印、以诸王规格礼遇相待,可以看出汉朝廷对海外日本列岛的重视。同时,"海上丝绸之路"北航线——由山东半岛经庙岛群岛至辽东半岛,再南下到达朝鲜半岛、日本列岛的线路已经完全确立。此航线连通了东北亚的各个藩属国,传播了华夏文明,为东北亚儒家文化圈的形成奠定了基础。同时,这也说明日本地区及其列岛的生产力水平、造船工艺以及对海洋的认识也已经发展到一定的程度,这些小国驾船远洋来到中国汲取中华民族的先进文化,从而获得更大的发展。

"海上丝绸之路"南航线在秦汉之前与南海和东南亚诸岛有短途交流,并形成诸如合浦、徐闻等港口。前 214 年,秦始皇统一岭南,设立桂林、象郡、南海等三郡,把岭南正式纳入秦王朝的版图。但是,直至东汉时期,《汉书·地理志》里才第一次有了徐闻、合浦与越南、马来西亚、泰国等国家进行交往的记载。这充分说明,远离中原政治经济和科技文化中心的岭南及南海一带的港口,无论是航海知识、船舶制造技术还是商品交易水平等,都与北方黄河中下游地区相差较多。所以,这一时期"海上丝绸之路"北航线的发展水平要远远高于南航线。

五、"海上丝绸之路"北航线在三国两晋南北朝时期快速发展

东汉末年,外戚宦官争斗不断,军阀割据,战乱频仍,致使民怨沸腾,大量山东、河北等地的农民纷纷沿着"海上丝绸之路"北航线逃亡到辽东半岛和朝鲜半岛,甚至山东半岛的一些太学生也纷纷横渡渤海海峡到辽东半岛避难。如东汉时期辽东半岛大连地区张伯路领导的渤海起义、西汉末年琅琊人吕母领导的山东半岛东部沿海起义等。他们都是率领起义军船队转战渤海与黄海沿岸,从长江口北上到黄海沿岸的航路也畅通无阻。从东汉末年动荡造成三国鼎立再到两晋南北朝,长达约 370 年的时间里中国基本上处于分裂动荡的状态,或南北对峙,或群雄割据。这种政治军事格局,对秦汉以来形成的古代"海上丝绸之路"南北航线的发展曾带来诸多不利影响,甚至导致南北航线经常中断。富庶的北方因战乱频仍,大量北方人口南迁,出现一次次的移民潮,带走中原大批的

农民和工匠,致使整个北方工、农、商业萧条,"海上丝绸之路"北航线的发展陷入迟缓。而江南和东南沿海地区,因为北方大量世家大族的到来而得到开发,迎来中国历史上江南地区和沿海地区的第一次大规模开发与建设,这在一定程度上促进了"海上丝绸之路"南航线的繁荣并开始向远洋发展。这说明社会动荡和战争导致大量中原人口外逃,人们对海上航运的需求十分庞大,掀起"海上丝绸之路"南北航线运输的一次又一次高潮,也促进了造船业和航海业的不断发展。就像恩格斯所说的:"社会一旦有技术上的需要,这种需要就会比十所大学更能把科学推向前进。"①所以,战争、迁移、商贸等的需要不仅推动了造船技术和航海技术的进步,而且促进了人们对海洋、气候认识的深化。"海上丝绸之路"南北航线在三国两晋南北朝时期获得较大的发展。

1世纪—3世纪,欧洲罗马帝国的兴起,带来欧洲人对东方文明的好奇与向往,与两汉时期对西域丝绸之路的开辟不谋而合,客观上促使中国开辟的陆上丝绸之路迅速发展起来。但是,随着西罗马衰败,东罗马崛起,被汉人驱逐的匈奴人来到西方屠戮着地中海文明,战争和垄断都阻碍着丝绸之路的通畅。加之两汉之后300多年的社会动荡,强大统一的中央政府被群雄割据,北方的五胡十六国使得东方的丝绸之路受到严重阻碍,陆上丝绸之路的受阻客观上促进了"海上丝绸之路"的发展。所以,遥远东方的中国"海上丝绸之路"南北全线的航运,虽然常因战争或南北对峙而经常受阻,但是,科技的发展促使社会车轮的滚滚向前、势不可挡。随着三国两晋南北朝时期造船技术和航海知识的不断发展,人们对海洋的认识,特别是对季风、洋流认识的提高,促使了"海上丝绸之路"南航线向深海发展,进而也使"海上丝绸之路"南北航线的融合更为紧密,东晋法显的泛海东归就是这一融合最好的注脚。

(一)三国时期"海上丝绸之路"北航线的发展

三国时期北方曹魏统治的燕齐之地和南方蜀汉、东吴控制的吴越之地,历史上都曾是海上霸主所在的地区,其水师的数量和武器装备举世闻名,造船业也十分发达。只是魏与蜀、吴之间的对峙使得江河之上的航行连带着海上南北航线的往来也受到一定的阻碍。但是,从山东半岛往东到达辽东半岛、朝鲜半岛和日本的"海上丝绸之路"北航线依然畅通无阻。238年,魏明帝时期,曹魏朝廷实际控制了乐浪郡、带方郡之后,日本南部诸岛国实际控制者倭女王就派遣使者与曹魏通好,并向魏明帝进献礼物,有"男生口②四人,女生口六人,班布二

---

① 中共中央马克思恩格斯列宁斯大林著作编译局. 马克思恩格斯选集:第四卷[M]. 北京:人民出版社,2012:648.

② 生口,指奴隶。

匹二丈"①。同年十二月,魏明帝也回赠了大量物品,并诏报倭女王:"今以绛绨交龙锦五匹、绛绨绉粟罽十张、蒨绛五十匹、绀青五十匹,答汝所献贡直。又特赐汝绀地句文锦三匹、细班华罽五张、白绢五十匹、金八两、五尺刀二口、铜镜百枚、真珠、铅丹各五十斤……故郑重赐汝好物也。"②其中丝绸纺织品最多。从这里开始,便有了使书上记载的中国与东夷诸国以朝贡为目的的官方物品交换。晋统一魏、蜀、吴三国之后,继续采用曹魏时期实行的与朝鲜半岛、日本列岛友好交流的政策。山东半岛当时依然是与朝鲜半岛和日本列岛往来的主要海上交通线的必经之地。《晋书》载:"武帝太康元年(280年)、二年,其主(指朝鲜半岛的马韩国王)频遣使入贡方物,七年、八年、十年,又频至。太熙元年(290年),诣东夷校尉何龛上献。"中国与日本的交往,《晋书》上也有记载,"倭人在带方东南大海中""至魏时,有三十国通好""其女王遣使至带方朝见,气候贡聘不绝。及文帝作相,又数至。泰始(265年)初,遣使重译入贡"。这些都表明,无论中国大陆的朝代如何更替,中国与朝鲜半岛和日本列岛之间的交往一直存在,并不断发展,"海上丝绸之路"北航线也持续通畅。

"海上丝绸之路"的发展与造船业的发展密不可分。三国时期的赤壁水战,吴国投入战斗的斗舰闻名于世,不仅有多层甲板,而且还有"女墙"为防护设施,其坚韧、高大、灵活等性能远超齐吴大海战时期的舰船。在赤壁之战中,吴国创造出中国历史上著名的以少胜多的水军辉煌战例。吴国与齐国历史上都曾是著名的海王之国,吴国的湖海航运与造船业也十分发达,拥有众多的造船基地,并依靠这些造船基地建立了强大的水师。一旦发生战争,这些水师可以在不同的郡县之间,"泛舟举帆,朝发夕到,士风劲勇,所向无敌"③。《三国志·吴志·周瑜传》曰:"刘表治水军,艨冲斗舰,乃以千数。"《资治通鉴·汉献帝建安十三年》引此文,胡三省注曰:"斗舰,船上设女墙,可高三尺,墙下开掣棹孔。船内五尺,又建棚,与女墙齐。棚上又建女墙,重列战敌。上无覆背,前后左右树牙旗、帜幡、金鼓,此战船也。"从这些描述中可以看出,三国时期吴国的战船——斗舰已经有多层甲板(棚),船的四周以"女墙"为防护设施,抵御各种枪箭来袭,这比春秋战国时期齐吴海战中的战船要复杂、先进许多。至于"女墙"的制作材料,应该以木头或竹子为主,如果有锋利的箭矢射到上面,会被挡住,即使穿透过来,其力量也会减弱难以再伤人。我们熟知的诸葛亮"草船借箭",其原型是孙权的行为,说明当时蜀、吴的水上实力都很强悍。《三国志·吴书·孙权传》记

① 陈寿. 三国志:卷三十[M]. 上海:上海古籍出版社,2017:740-769.

② 陈寿. 三国志:卷三十[M]. 上海:上海古籍出版社,2017:740-769.

③ 陈寿. 三国志:卷五十四[M]. 上海:上海古籍出版社,2017:1119-1140.

载:"曹公攻濡须,权与相拒月余。(裴松之注)魏略曰:(建安十八年 214 年)权乘大船来观军,公使弓弩乱发,箭着其船,船偏重将覆,权因回船,复以一面受箭,箭均船平,乃还。"孙权坐的大船称为"飞云""盖海""长安"等,一般有数层甲板,最大的上下共有五层甲板,可"载坐直之士三千人",无异于水上大厦。当然,大船的四周也会有多层"女墙"进行防护。说是"箭着其船",不如说"箭着其船上女墙"更为精确。正因为大量的箭矢嵌入"女墙"的板子上,才会使"船偏重将覆",所以,孙权才会下令调转船头,让另一面"女墙"也"受箭",当"箭均船平,乃还"。

从建业(今南京)往东南沿海地区延伸,吴国在今天的浙江、福建等地,如永宁(今温州)、横阳(今平阳)、温麻(今连江)等地,还设有专门营造海船的工场——"船屯",并在建安(今福州)设置了管理造船的官员——典船校尉,建造的战船有楼船、艨冲、冒突、赤马、斗舰、大舸、走舸、斥候、游艇、海鹘等。民间的船舶建造业也有一定的规模,建造的船有"舸""艑艇""轻舟""舲舟""舫舟"等。正是因为有这些造船场和民间航运的进步,才促进了两晋、南北朝时期远洋航行的不断发展,为"海上丝绸之路"南航线的发展提供了条件。

北方的曹魏虽以陆军见长,但疆域多河沿海,造船业和航运业也很发达。据史载,曹魏在山东半岛和渤海沿岸的青、兖、幽、冀四州以及安徽巢县等地都设有造船基地,并专设典船都尉管理舟船建造。著名的"曹冲称象"典故,就发生在今河北省临漳县岗村一带(春秋齐桓公时期的邺城、战国西门豹治水之地)。这个典故说明,根据船舶吃水深浅来等量代换其载重多少在当时应该是一个相当普遍的常识,船舶在航行运输和生产生活中被广泛应用,所以,当地的造船业也应该有一定的水平。在"赤壁之战"中,曹操能在短时间内集结起百万水师(虽数字有水分,但大量的船舶是存在的),足以说明北方地区造船业的规模之大、掌控船舶的水手之多。只是由于多年的战争与动乱,导致众多名典古籍被毁或遗失,大量的造船基地和旧址也在朝代更替与地理变迁中作为他用,或者被掩埋在地底,或者被海浪侵蚀冲毁,难以找寻其踪迹了。这在一定程度上也暗示着"海上丝绸之路"北航线相对于南航线的优势地位开始减弱。

(二)东晋法显大师——第一个走出"一带一路"的古人

1. 水密舱的发明

266 年,西晋建立政权,社会获得短暂的和平,南北"海上丝绸之路"也得到一定的发展。316 年,西晋被灭,司马睿南渡江南,在建业(今南京)延续晋朝,史称东晋。两晋交替之时,北方少数民族混战中原,北方士民纷纷渡江南下,大规模的移民潮导致政治、经济、文化中心南迁,"衣冠南渡",从而带来中国江南、特别是东南沿海地区的大开发。中国的经济中心开始从黄河流域向长江流域转移，农业、手工业、商业的兴盛，促进了南方民间和官方河海航运的发展。全国各地的商人利用舟船北达梁雍、南至广交、西至川蜀、东至朝韩，在促进江汉沿线水运发展的同时，也带动了"海上丝绸之路"南北航线的大交流和大发展。特别是这一时期，水密舱壁的发明，将造船业提升到一个新高度，从而使远洋航行成为可能。《晋书》中的《孙恩列传》《卢循列传》及《资治通鉴》，有关于孙恩、卢循两人率舰征战的记述，其他帝王记传里也有卢循创造八槽舰的史实。史书记载，东晋末年（399年—411年），孙恩、卢循举行海上大起义时，已经建造了"八槽舰"，即利用水密舱壁将船体分隔成八个船舱，起四层，高十二丈，能支撑船舶远距离、大容量航行，即使某一个舱壁破损进水，只要其他舱壁还是完好的，依然可以保证船舶不致沉没。① 特别是在远洋航行中，因为海船船体有众多舱壁的支撑，不仅加强了海船船体的刚度和强度，使运载量和运载能力大大提升，还可以使船舶在长距离航行中即使因触礁或风浪使船体破洞进水也能避免波及邻舱，从而保证船舶不沉，大大提高了远洋航行的安全性和持久性。所以，密封舱的发明和使用，是我国造船史上的新突破，也是我国航海业上的新突破。

2. 法显——第一个走出古代"一带一路"的中国人

法显是东晋时期的著名高僧，他写的《佛国记》一书中描述的大海船就是带有水密舱壁的商船。法显在《佛国记》中记载了他历经13年去往印度取经的艰辛历程，陆去海归。412年初，法显从斯里兰卡乘坐可载200余人的商船，"得好信风，东下二日，便值大风。船漏水……即取粗财货掷著水中……如是大风昼夜十三日，到一岛边。弥退之后，见船漏处，即补塞之。于是复前"②。法显的这段描写充分表明，他们当时乘坐的商船就是有水密舱壁的大海船，而且是有多个水密舱壁的大海船。即使其中有一个或者两个水密舱壁破损导致船漏进水，但是因为其他多个舱壁依然完好，所以只要将船上的一些粗重货物扔到海里，就能支撑商船上所载人员和货物继续在海中航行十几天，直到遇到一个海岛，在那里停靠将漏洞补好塞住，就又可以继续向前航行了。试想，如果没有多个密封舱，那么只要船漏，海水就会涌入船内，最终导致商船沉没。所以，水密舱壁的发明对远洋航行来说是十分必要的。美国科技史学者罗伯特曾说："建造船舶舱壁的想法是很自然的，中国人是从观察竹竿的结构获得这个灵感的，竹竿节的横膈膜把竹子分隔成好多节空竹筒。由于欧洲没有竹子，因此欧洲人没

---

① 席龙飞. 中国古代造船史［M］. 武汉:武汉大学出版社,2015:130-131.
② 章巽.《法顯傳》校注 我國古代的海上交通［M］. 上海:复旦大学出版社,2015:137.

有这方面的灵感。"①所以,水密舱壁的发明与应用,为法显沿"海上丝绸之路"南航线过渡到"海上丝绸之路"北航线、顺利在青岛崂山登陆提供了令人信服的船舶技术依据。同时也说明,"海上丝绸之路"南航线已经发展到可以远至北印度洋的印度和斯里兰卡附近,且中国与东南亚和南亚各国之间的交往已经相当频繁了。至于中国的商船是否继续往西到达西亚和非洲东岸,法显在书中没有记载。但是,从当时的造船技术和航海技术来看,是完全可以支撑大船继续西行的。所以,至少在西晋时期,200人以上的客货两用海上商船往返于西太平洋与北印度洋各国之间进行商贸往来应该是相当普遍的事情。广州就是连通东南亚、南亚各国主要的海上通商口岸。

3. 车轮舟的发明

与水密舱壁的发明同样令人称奇的是车轮舟的问世。所谓"车轮舟",就是隐于船内的行船者用脚踏车轮作为动力进行航行的船舶。《资治通鉴》中曾记载,晋义熙十三年(417年),刘裕的部将王镇恶"溯渭而上,乘艨艟小舰,行船者皆在舰内,秦人见舰进而无行船者,旨惊以为神"。这是世界上首次出现的对车轮船的生动记录,是科技史家所公认的。南北朝时期,车轮船的使用更为普遍,如《南齐书·祖冲之列传》记载,"冲之解钟律博塞,当时独绝,莫能对者。以诸葛亮有木牛流马,乃造一器,不因风水,施机自运,不劳人力。又造千里船,于新亭江试之,日行百余里"。这个"不因风水,施机自运,不劳人力"的千里船就是车轮船。车轮船(或车轮舟)的问世,解决了船舶航行的动力问题,为远洋航海又提供了一项新技术。

总之,两晋南北朝时期,我国的海上航运有了质的飞跃。以法显为代表的中国人,通过走出古代的"一带一路",不仅了解了其他国家和地区的风土人情,也将中国的优秀文化传播出去,这一时期是我国民族大融合和思想大发展时期,也是"一带一路"的萌发时期。

六、"海上丝绸之路"北航线在隋唐两宋时期更加繁荣

(一)隋唐时期的"海岱廊道"与"一带一路"

隋唐时期,是中国历史上最为强盛的时期。581年—907年的326年间,两朝在政治、军事、文化、经济、科技、海运等领域实现前所未有的发展。隋唐两朝君主在治国政策上较为开明,极大地吸引了周边诸国纷纷来到中国,向中国朝

---

① 〔美〕罗伯特·K·G·坦普尔. 中国:发明与发现的国度[M]. 陈养正,陈小慧,李耕耕,等译. 南昌:21世纪出版社,1995:397.

贡、学习。甚至遥远西方的各国通过陆上丝绸之路来到中国长安进行商贸和文化交流,东方的朝鲜半岛和日本列岛上的小国也纷纷派遣"遣隋使"和"遣唐使",沿着"海上丝绸之路"北航线来中国朝贡和学习,带来"海上丝绸之路"北航线的空前繁荣与发展。据《新唐书·地理志》记载,唐贞元年间宰相贾耽记述的当时中国对外通关的路线主要有七条,而海路只有两条:一条是"登州海行入高丽、渤海道",另一条是"广州通海夷道"。[①] 这两条海路正是我们今天所说的"海上丝绸之路"的北航线和南航线。

1.遣隋使来访是"海上丝绸之路"北航线繁荣的开端

"遣隋使"是日本推古天皇派遣到中国隋朝学习佛法、典章制度和文化的使节团。中国史料记载,隋文帝开皇二十年(600年),日本第一次派出遣隋使[②]来到中国;隋大业三年(607年),日本使者小野妹子率团访隋(也有人认为这是第一次遣隋使),隋炀帝十分重视,即派文林郎、鸿胪卿掌客裴世清率领代表团13人回访。日本国王以隆重的礼仪欢迎裴世清一行。《隋唐书·东夷传》载:"倭王遣小德阿辈台,从数百人设仪仗,鸣鼓角来迎。后十日,又遣大礼哥多毗,从二百余骑效劳。"裴世清在日一共停留了3个月的时间,加深了对邻邦的了解,增进了友谊,直接推动了隋代中日关系的大发展,迎来了中日关系发展的小高潮。日本圣德太子摄政期间,于600年、607年、608年、614年4次遣使入隋(也有3次说),学习中国的各种文化与政治制度,为之后日本大量向中国派遣遣唐使奠定了基础。

裴世清出使倭国的陆上线路是:从长安出发,经洛阳—汴州(今开封),进入山东曹州,向东经兖州进入"海岱廊道"北线,经青州—莱州—登州(今蓬莱),在这里乘船入海。海上线路是:由山东半岛登州港启程,向东越黄、渤海,先到达朝鲜半岛的百济国,行至竹岛,向南可以望见舣罗国(耽罗国),经都斯麻国(对马岛),向东到达一支国(壹岐岛)、竹斯国(今九州),然后乘船经濑户内海东行至秦王国[③](风俗与中国相同),又经过十余个倭国的附属国,来到倭国的都城邪靡堆[④]。这条中日之间的航线,与当年徐福东渡到达日本的航线基本一致,与"海上丝绸之路"北航线大体重合。如果从日本大阪继续南下,到达流求,这就

---

① 《新唐书·地理志第七下》"入四夷之路与关戍走集最要者七":"一曰营州入安东道,二曰登州海行入高丽渤海道,三曰夏州塞外通大同云中道,四曰中受降城入回鹘道,五曰安西如西域道,六曰安南通天竺道,七曰广州通海夷道。"

② 仅见于中国史料,日本史书并无记载。日本学者认为该使节是朝鲜的镇将的私使,不能代表日本朝廷,因而不能看作是第一次遣隋使。他们认为607年(隋炀帝大业三年)或为第一次遣隋使。

③ 《隋书》编撰者认为可能是夷洲。

④ 《隋书》编撰者认为是魏志倭人传中的邪马台,即今大阪。

与"海上丝绸之路"南航线相交在一起,从而将南北"海上丝绸之路"串联起来。

台湾岛在隋朝被称为流求。《隋书·流求国》载:"流求国,在海岛之中,当建安郡东,水行五日而至。"建安郡在今福建省北部,就方位与航期看,流求就是台湾岛。史料记载,隋朝至少有三次去流求的航运活动,分别是 605 年、608 年和 610 年。《隋书·陈棱传》载,隋水军到达台湾时,"流求人初见船舰,以为商旅,往往诣军中贸易"。这是说,隋朝水师到达流求时,岛上的流求人以为是商船,纷纷到军中进行贸易。这样的情境说明大陆与台湾岛之间早已存在经常性的通商活动,甚至在船员与百姓之间已经形成贸易交换的惯例,所以,当隋朝水军到达台湾后,本地人以为又是商船到来,依然按照以往的交易习惯与军队进行贸易。这也说明台湾是"海上丝绸之路"北航线与南航线一个十分重要的交会点。

2. 遣唐使——中日交往史上的盛举

遣唐使是日本从 7 世纪初至 9 世纪末约 264 年的时间里,为学习中国文化先后 12 次向唐朝派出遣唐使团。[①] 其次数之多、规模之大、时间之久、内容之丰富,可以说是中日文化交流史上的空前盛举。遣唐使对推动日本社会的发展和促进中日友好交流做出了巨大贡献,对"海上丝绸之路"多航线的发展也起到很大的促进作用。遣唐使来中国的线路共有 3 条:第一条北路,从日本北九州出发,沿朝鲜半岛西侧至辽东半岛南岸,再经庙岛群岛到达山东半岛。这条线路大部分是沿海岸线航行,比较安全。日本在 630 年—665 年 30 多年的时间内使用这条线路,后来因为朝鲜半岛政局的变化而停止使用。第二条南路,从九州西边的五岛列岛出发向西南,穿过对马海峡横渡东海,在长江口的苏州和明州(宁波)一带登陆,再转由运河北上。这条线路所需时间较短,一般需 10 天左右,甚有 3 天就到达的情况,但风险较大,时常导致船毁人亡。702 年—838 年,遣唐使主要走这条路线。第三条南岛路,即由九州南下,沿南方的种子岛、屋久岛、奄美群岛,向西北横跨东海,在长江口附近登陆,再由大运河北上。这条航线也比较危险。北路和南岛路都需航行 30 天左右,有时所需时间会更长。北线最安全也最常用,所以,北线是日本在与朝鲜半岛关系融洽时首选的线路。

唐初日本遣唐使来华的具体线路就是北路:遣唐使先沿"海上丝绸之路"北航线到达山东半岛的港口,如莱州港、琅琊港等,上岸后走陆路,即沿"海岱廊道"北线向西行进入中原,最后到达长安。第一至第四批遣唐使基本是沿着北

---

① 遣唐使也有 13、15、16、18、19 次说,有人认为非正式派遣 1 次,有人认为"迎入唐大使 1 次",有人认为任命后又中止 2 次或送唐客使 3 次。

路,上岸后沿"海岱廊道"前往长安的。就像日本学者中村新太郎在《日中两千年》一书中所写:"北路(新罗道),这是遣隋使和初期遣唐使经由的路线。从筑紫—壹岐(岛)—对马(岛)—济州岛,经北济(后为新罗)—横越黄海—山东半岛的登州—莱州靠岸上路。从这儿走陆路[①],经青州—兖州—曹州—汴州(开封)—洛阳,最后到达长安,回国时仍按原路返回。"[②]这里的北路(新罗道),就是从日本途径朝鲜半岛西海岸,横渡黄海(或沿黄渤海之间的庙岛群岛),到达山东半岛的登州、莱州等港口,从这里登陆进入中国。这条海上线路是"海上丝绸之路"北航线,与遣隋使裴世清、秦代徐福的航线基本一致。日本使团上岸后所走的陆路就是"海岱廊道"北线,到达青州,然后经青州—兖州—曹州—汴州(今开封)—洛阳,最后到达长安。这是"海岱廊道"将"海上丝绸之路"北航线与唐都城长安连接的具体线路,是中华文明向东北亚传播的主要线路。

此时的丝绸之路从西安向西,经过河西走廊到达西域(今新疆维吾尔自治区),然后跨越南北"天山廊道"到达中亚、西亚,直至地中海和欧洲。这一时期控制着中亚、西亚和地中海的阿拉伯国家,无论是倭马亚王朝(白衣大食)还是阿拔斯王朝(黑衣大食),他们都与东方的中国保持着友好关系,甚至黑衣大食帝国还4次派人来长安朝贡,表示要长期交好。所以,中西方之间的陆上丝绸之路应该处于历史上最为繁华的时期。作为丝绸之路上的主要交通大动脉——南北"天山廊道",是欧亚文明相互碰撞与交融的桥梁。美国汉学家爱德华·谢弗在《撒马尔罕的金桃》中提到的唐代外来文明,很大一部分就是从西域地区传来的。唐朝社会生活的各个方面,从飞禽、走兽到食物、香料,从植物、药品到颜料、矿石,凡生活所需、日常所用,几乎都有外来文明的痕迹。所以,这一时期,正是东方的"海岱廊道"和西部的"天山廊道",一东一西共同连接起中国和域外文明,使得东亚文化和西亚、西欧文化交汇在唐都长安,使长安成为当时世界上规模最大、最繁华的国际大都市。

唐朝中后期,随着对海洋认识的逐渐深入,造船术和航海技术的不断发展,中日之间开辟了多条从中国到达日本的航线,"海上丝绸之路"北航线也获得较大发展。许多船舶在有"好信风"的情况下,从山东半岛最东端的成山头出发,可以横渡黄海直达朝鲜半岛的西海岸,然后再南下日本,这样比从庙岛群岛绕道辽东半岛节省了不少时间。例如,大约838年,遣唐使"曾在今乳山、文登、荣

---

① 从登州或莱州到青州应该走的是"海岱廊道"的北侧线路。东晋法显东归在青岛崂山登陆后去往长安,也是走"海岱廊道"北侧线路到达青州,只是因为战争,"所营事重,遂便南下向都",最终法显从青州南下去了东晋的首都建康。

② 〔日〕中村新太郎. 日中两千年[M]. 张柏霞,译. 长春:吉林人民出版社,1980:58.

成海岸停泊数日"①。说明这时从山东半岛的最东端或南部港口直接跨越黄海去往朝鲜半岛的西海岸已经成为遣唐使首要考虑的路线。日本学者藤家礼之助在他的《中日交流两千年》中分析了遣隋使和遣唐使之所以多选择北路的原因:"去路和归路原则上都是走历来走熟了的北路,这条航路虽然费一些时日,但是最安全。"7世纪70年代到8世纪60年代期间,日本和新罗关系不睦、冲突不断,没法借道朝鲜半岛,所以只能改选南岛路,走从扬州等地越过东海驶向日本的南方航线,这条路"可以缩短时日和距离……是一条最危险,遇难率极高的航路"②。我们从鉴真大师东渡日本(742年—753年)六次才成功的事例中也可见一斑。《鉴真东渡日本》一文中写道,唐高僧鉴真"东渡日本,然东海风骤浪高,或船覆,或粮匮,或失向,历十二载,五渡未成"。最后一次东渡时,鉴真大师的眼睛已经失明,但志向不改,经历海上风浪颠簸、九死一生,最终到达日本,为促进中日两国的文化交流做出重要贡献。日本新开辟的南路,是从博多出发后,在平户或五岛列岛暂时停泊,等到顺风后一口气横渡东海,目标直指长江口和杭州湾附近。这条线路风险还是太大,半数都葬身海底。此外,日本还开发出南岛路,其安全性依然无法与北路相比。所以,遣唐使所走的两条南方航线,虽然构成了"海上丝绸之路"南航线的一部分,但是这一时期的"海上丝绸之路"北航线依然是中、朝、日之间交往最主要的航线。

(二)"海上丝绸之路"北航线于两宋时期达到鼎盛

1. 两宋时期商业经济的发展为"海上丝绸之路"提供物质基础

(1)从"交子"到"会子"的发展

两宋时期,统治阶级在大力发展传统农业和手工业的同时,开始对商业进行改革,实行减免税等恤商政策,保护商人利益、提高商人地位、解除束缚商业发展的旧规,从而使两宋时期的社会经济和商业发展达到新的高峰。正如美国学者斯塔夫里阿诺斯在他的《全球通史:从史前史到21世纪》中所说:宋朝值得注意的是,发生了一场名副其实的商业革命,对外贸易量远远超过以往任何时期。宋朝商品经济的繁荣和发展,反过来又促进了农耕工具和技术的改良、人口的增加、消费产品的丰富、交通的通达等,使宋朝成为历来社会经济发展、人民生活富足的时期。宋史专家邓广铭也说:宋代是我国封建社会发展的最高阶段,其物质文明和精神文明所达到的高度,在中国整个封建社会历史时期之内,可以说是空前绝后的。宋朝商业的发展促使北宋早期发行的纸币——交子,成

---

① 扬荫楼,王洪军. 齐鲁文化通史:隋唐五代卷[M]. 北京:中华书局,2004:526-527.
② 〔日〕藤家礼之助. 中日交流两千年[M]. 张俊彦,卞立强,译. 北京:北京大学出版社,1982:99.

为中国最早的纸币,也是世界上最早使用的纸币。南宋钱币博物馆馆长屠燕治解释:北宋时期的"交子"最早出现在四川,由于四川的地理闭塞,"交子"并不直接参与流通,"交子"作为有价证券,相当于现今的支票。到了南宋时期,由于经济的快速发展,铜币的制造已经不能满足流通的需要,再加上南宋经济主要靠海外贸易,导致钱币大量流失海外,民间由此出现可以用于交易的"会子"。1160年,临安府知府钱端礼率先由政府出面统一发行"会子",随着他升任为户部官员,"会子"也在全国范围内发行。直到元朝,马可波罗才将纸币带到伊朗,而后传到日本、高丽。直到500年后的1690年,欧洲瑞典才出现纸币。由此看来,从"交子"到"会子",既是我国商品经济不断发展的象征,也是我国"海上丝绸之路"繁荣的例证。

（2）大力发展"海上丝绸之路"的背景

在北宋统治的167年里,由于一直处于与辽、金、西夏等北方民族的对峙和战争之中,甚至西部的吐蕃、回鹘和契丹等游牧民族,也经常骚扰甚至入侵宋王朝,威胁着宋王朝的安全,导致由长安经"天山廊道"通往中亚、西亚直至地中海的陆上"丝绸之路"受阻。甚至到南宋,辽和西夏等的阻遏,一度使与西域的陆路交往完全中断。因此,宋王朝不得不发展东方和南方的海上交通,重视并鼓励海外贸易,大力发展"海上丝绸之路"进行南北东西贸易。北宋在比较大的港口先后设立五个市舶司,专门管理对外贸易事务,征收商税。市舶司所在的港口,还设有专供外国商人居住的"番坊"和用于番货交易的"番市"。可以说,两宋时期在外贸方面最重要的变化和贡献就是航海业的兴起和拓展。特别是南宋时期,其海外贸易甚至一度成为政府财政收入的重要来源,以与阿拉伯半岛和马来群岛的贸易为主,最远到达欧洲和非洲的一些国家,"海上丝绸之路"南航线获得突飞猛进的发展。而"海上丝绸之路"北航线的贸易对象主要还是以朝鲜半岛和日本列岛为主,但是阿拉伯和波斯的商船也会沿着"海上丝绸之路"南航线北上,来到山东半岛的板桥镇市舶司进行贸易。宋朝时期的海外贸易超过了之前任何一个朝代,成为当时世界上从事海外贸易最主要的国家。

海外贸易的兴盛是建立在宋代对造船技术与航海技术进行了较大改进和提高基础上的。2007年出水的"南海一号"古船,根据检测和考古专家研究确定,这是南宋初期的一条中等规模的古商船,长41.8米,宽11米,高约4米,排水量约800吨,载重约400吨。当时这艘古船是从中国驶出,赴新加坡、印度等东南亚地区或中东地区进行海外贸易的。船上装满瓷器、铁器等超过18万件物品。其中,瓷器包括福建德化窑、磁灶窑、景德镇窑系及龙泉窑系的高质量精品,绝大多数都完好无损。船上还有许多"洋味"十足的瓷器,从棱角分明的酒壶到有着喇叭口的大瓷碗,都具有浓郁的阿拉伯风情,专家推测这可能是宋代接受海外订货"来样加工"的产品。该船一共有 13 个水密隔舱,与《马可波罗行纪》记载的一样。[①] 这样大大提高了船舶在大海上的稳定性,比欧洲密封舱的发明和使用早了几百年。其实,不仅仅是"南海一号",我们从其他古籍记载中也可以获知,两宋时期建造的海船体势庞硕、结构精良、航器先进。而且,指南针已广泛应用于海上航运,完全能够支撑船舶的远洋航行,即使阴天下雨没有星宿指航也能顺利抵达目的地。特别是车船,经过 700 多年的不断改进,到南宋中期臻于完善,是中国乃至世界航运史上较为先进的船舶,比欧洲的车轮船早了 400 多年。同时,在国内水运方面,宋朝开通了以京师(开封)为中心,通往全国各地、四通八达的水运线路网。《清明上河图》中的平衡舵、多重船壳、人字桅等,在今天都还在使用。这些新技术和新设备展现出两宋时期中国在造船术和航运业上的繁荣与发展。

这一时期的"海上丝绸之路"南北航线都已经成熟,从山东半岛出发的诸多船舶向南航行不仅可以轻松到达长江三角洲的江浙一带,与"海上丝绸之路"南航线相连接,而且还会继续南下,扩展到两广和交趾(越南)等地,甚至继续往西拓展到东南亚、南亚、西亚、东非和地中海沿岸的国家,这给两宋时期发达的商品经济和海船技术发展提供了支持。与盛唐时期只有两处沿海通商口岸相比,两宋时期的沿海通商口岸达十多处,仅市舶司(海关)就设立五处,只是长江以北的市舶司只有密州板桥镇市舶司(今胶州)这一处,但其贸易额已经"两倍于明、杭"两个市舶司,主要管理与朝鲜半岛和日本等国的贸易,其海外贸易量十分可观。1127 年,金灭北宋之后,金朝廷在经济上大多沿袭了宋朝的管理制度,对板桥镇市舶司也采取之前的政策"因之",继续其海关的职责。总体来看,在两宋时期的海外贸易中,新设置的市舶司的地位和作用均远胜于隋唐。"海上丝绸之路"南航线因地缘政治和经济等方面的原因比北航线发展得更为迅速。两宋时期"海上丝绸之路"航线的发展,达到中国古代航运的新高潮,这种态势甚至一直延续到蒙元时期。

2. 北宋时期的市舶司

两宋时期的统治者从当时特定的历史背景出发,积极采取重农重商的经济政策,大力发展海外贸易,以弥补因陆上"丝绸之路"阻塞而引起的中外贸易减少和文化交流不畅所带来的不足。这在一定程度上既满足了朝廷对海外珍奇

---

① 《马可波罗行纪》中记载:"若干最大船舶有最大舱十三所,以厚板隔之,其用在防海险,如船身触礁或触饿鲸而海水透入之事,其事常见……至是水由破处浸入,流入船舶。水手发现船身破处,立将水舱中之货物徙于邻舱,盖诸舱之壁嵌甚坚,水不能透。然后修理破处,复将徙出货物运回舱中。"

异宝的需求,又增加了税收,客观上繁荣了社会经济和文化。北宋时期,我国第一次设立市舶司(相当于今天的海关),并用此专门管理海外贸易。宋代设置的诸多"市舶司"存在时间和内部情况并不一致,有些市舶司因变革或政令的变化多次被废置又复建,有些市舶司还设有市舶务或市易务等,作为其下级机构或初始机构。从设置的地域看,长江以北唯一设置过市舶司的只有密州板桥镇(今胶州板桥镇)市舶司,其他市舶司都设置在长江以南。从政和二年(1112 年)到南宋灭亡,宋朝廷一直维持着广州、泉州、明州、杭州、密州板桥镇五个"市舶司",再没有废弃或新设。所以,人们通常称宋朝设有 5 个市舶司就是指的上面这 5 个。

(1)唐朝胶西板桥镇的设置

胶西板桥镇建置于唐武德六年(623 年),属密州(治诸城)。《新唐书·地理志注》卷三十八记载:"高密,上武德三年置,六年,省胶西县,入焉。"《齐乘》卷三:"唐武德六年,省胶西入高密,以其地为板桥镇。"清《胶州志》卷二记载,唐武德"六年省胶西入高密县,以县东鄙置板桥镇"。次年,唐高祖李渊派使臣赴新罗(朝鲜半岛东南部),册封新罗王为"柱国乐浪郡公新罗王",从此两国海上来往不断,板桥镇口岸经常停泊两国官方和民间的船舶。所以,胶西板桥镇(现在的胶州板桥镇)的设置,与其得天独厚的地理位置、气候和便利的海陆交通等条件密切相关,也与当时唐朝与朝鲜半岛的政治军事条件有关。隋朝三征高句丽失败后又灭亡,导致高句丽一时间实力大增,成为朝鲜半岛三国中国土面积最广、实力最强的国家,还控制着辽东地区。唐初,高句丽虽然表面对唐臣服,背地里却陈兵百万,北联突厥、靺鞨,南遏新罗、百济,对唐朝东部已经形成巨大的威胁。龙朔三年(663 年),唐与新罗联军大败百济叛军和倭军。644 年,唐太宗李世民御驾亲征,兵分水陆两路,陆路从辽东进攻高句丽,水路从山东半岛进攻高句丽。5 年后,高句丽亡国,新罗统一朝鲜半岛。《读史方舆纪要·山东》记述:灵山卫"海中有唐岛,相传唐太宗征高丽,驻跸于此"。清乾隆版《即墨县志·古迹》载:"粥敷城一名粥熟,县东南八里。俗传唐征高丽时驻军所筑。"这里的粥敷城即"粥熟城",在即墨县城东南八里。这些传说反映了当年唐朝从胶州湾周边出兵朝鲜半岛的史实,所以胶西板桥镇设置的军事意义也十分重大。

唐代,密州板桥镇是"海岱廊道"经过的重要城镇,南达琅琊,北连高密,西去诸城,东临海洋,是南北东西水陆交通的枢纽。同时,板桥镇坐落在胶州湾北岸,拥有辽阔不冻的胶州湾,南来北往的海运和海外贸易已初具规模。高丽和日本的商贾、使臣、僧侣沿"海上丝绸之路"北航线在这里停靠,或上岸,或贸易,或国事往来,或宗教交流,使得板桥镇的经济、政治、交通地位逐步提高。唐开成元年(836年)日本著名僧人圆仁法师①回国时,曾在板桥镇海域(今青岛黄岛区大珠山)乘船至荣成赤山法华寺。他在《入唐求法巡礼行记》中记录了一群人自称"从密州(胶州板桥镇)来,船里载炭向楚州去,本是新罗人,人数十有余"。说明新罗人从朝鲜半岛到板桥镇再到江苏的海上商贸通道是十分畅通的。圆仁描述的晚唐时期楚州(今淮安)—海州(今连云港)—密州—登州繁忙的海上交通线,是一条传统的航海路线,遣隋使和遣唐使早期来华时也走过这条线,密州板桥镇就是这条海上交通线上的一个重要港口。匡超总纂民国《增修胶志》卷二载:"板桥久为海舶孔道,朝臣与高丽往来由此。"所以,板桥镇是从唐朝开始悄悄兴起的,当时它与北方传统的海港——登州港和莱州港相比,其军事和商业经济地位还无法企及。

(2)宋朝板桥镇市舶司的设置

北宋建立之初,北方契丹族和辽国正处于鼎盛时期,为孤立和进攻北宋,辽国曾胁迫高丽与之联合,共同对抗北宋,从而造成高丽和北宋之间的关系一度非常紧张。但私下里北宋与高丽的交往依然存在,这源于当时契丹对两国的共同威胁。北宋最盛时,北方的疆域到达今天的海河、河北霸州一带,与辽国的疆界长期稳定在雁门山—大茂山—白沟一线。海河向东经天津大沽口入渤海,所以,北宋与契丹曾长时间以海河到天津大沽河口一线为界,分而治之。这样,从天津大沽河口向南经渤海湾、再拐向东经莱州湾到蓬莱会与辽国对峙,走传统"登州海行入高丽道"的海上通道会面临极大的风险。一方面,登莱两港口距离辽国太近,海上航船容易受辽国骚扰,造成经济和人员损失;另一方面,宋和高丽联合抗辽的重要情报也容易被辽国截获而受损。因此,北宋与朝鲜半岛交往基本不再走传统的"登州海行入高丽道",而是从成山头东行直趋朝鲜半岛西岸的瓮津口(如1123年徐兢出使高丽就是走的此线路)。这样不仅可以减少风险,而且使宋去往朝鲜半岛的海上距离大大缩短,提高了经济效益。所以,仁宗康定元年(1040年),蓬莱港增置登州弩手,升登州军为禁军。庆历二年(1042年),又在登州港设"刀鱼巡检"和"刀鱼寨",驻水兵三百,以防辽金南侵。登州设置军港对辽金可以起到防御和威慑作用,自然是明智之举,但也必然导致其商贸地位的减弱。熙宁七年(1074年),北宋朝廷下令关闭登州港,北宋与高丽之间的海上贸易、南北方的贸易以及南方向朝廷上贡等,全部转移到密州板桥镇港口进行,然后从板桥镇卸货,由陆路沿"海岱廊道"和水路运往都城汴京。

---

① 圆仁(793年—864年),日本佛教天台宗山门派创始人。圆仁作为遣唐使来唐学习近十年,他广泛寻师求法,曾到五台山巡礼,足迹遍及今江苏、安徽、山东、河北、山西、陕西、河南诸省,并留居长安近五年。他用汉文写的日记《入唐求法巡礼行记》,是研究唐代历史的宝贵资料。

这样,东南西北海上往来的船舶一下子都涌向密州板桥镇,整个胶州湾上中外商船云集,风帆飞扬,板桥镇迅速繁荣发展起来。

同一时期,王安石变法(1069年—1085年)实施的新政,在一定程度上抑制了土地兼并,打击了市场操控和垄断,减轻了人民的负担,促进了商贸的发展,给密州板桥镇的商贸税收也带来明显的增长。《宋会要辑稿·食货》记载了宋朝廷各地的商税数额:宋神宗熙宁十年(1077年)以前,在京东路的17个州(大约为今山东省全部和江苏省、安徽省、河南省的一部分)中,板桥镇所在的密州排在第9位,到了宋神宗熙宁十年,密州跃至首位。这一年,密州的商贸税收额是36727贯250文,登州是5390贯708文,莱州是6241贯275文,徐州是16203贯,青州是20316贯605文。密州的商贸税收大约为登州的6.8倍、莱州的5.9倍、青州的1.8倍、徐州的2.3倍。虽然商贸税收的增加也有其他商业税收的功劳,但主要是港口贸易增加带来的。青州和徐州都是北宋时期著名的大州,但是它们的商贸税收额却只有密州的一半左右。而密州、登州、莱州同属山东半岛的海上贸易港口,其繁荣程度从商贸税收额的大小便可以一目了然。

在这种条件下,密州知州范锷在宋神宗元丰六年(1083年)给朝廷的上书中,从板桥镇已有的重要地位出发提出了应尽快设立市舶司的请求:"宜即本州置市舶司,板桥镇置抽解务。"范锷还在上书中论述了在密州板桥镇设市舶司于国于民的六大好处,提出"……使商舶同行,无冒禁罹刑之患,而上供之物,免道路风水之虞"。但是,不久之后形势便急转直下,由于朝中一些大臣找出种种借口反对在板桥镇设市舶司,使得一直支持在板桥镇设置市舶司的都转运使吴居厚也不得不放弃。争论一直存在,朝廷只能采取折中之法,先在板桥镇设立了低规格的榷易务,代行一些市舶司的管理职能。到宋哲宗元祐三年(1088年)初,已经离开密州知州之任,升迁金部员外郎(负责全国财税征收审核和颁布度量衡政令等)的范锷,约请了京东路转运使等有关官员,专程到板桥镇进行实地考察。据《宋会要辑稿》记载,范锷等人再次向朝廷上书,恳求在板桥镇设立市舶司。这次范锷的据理上书颇有力度,自从5年前的元丰六年密州知州范锷上书朝廷至今,密州板桥镇"买卖极为繁盛","若板桥市舶法行,则海外诸物积于府库者,必倍于杭、明二州"。范锷充分说明了应该在"板桥镇兴置市舶司"的原因。这次,宋朝廷采纳了范锷的建议,于当年农历三月(即1088年)正式在密州板桥镇设立市舶司,管理港航、征收税钞、鼓励贸易往来和保护外商外侨等。密州板桥镇市舶司,是继广州、杭州、明州、泉州市舶司之后全国第五个市舶司。板桥镇市舶司设立后,一直十分稳定,没有时罢时复的现象,这也是和其他市舶司不同的地方。

同时,宋朝廷"以板桥镇为胶西县,兼临海军使"。说明宋朝廷十分重视板桥镇市舶司的军事战略地位,不仅复置胶西县,治所设在板桥镇,还使板桥镇市舶司在拥有行政管理权的同时,"兼临海军使",具有军事防御职能。

(3)密州市舶司的地位和作用

密州板桥镇市舶司,是宋朝廷在北方设立的唯一海关机构,也是历史上长江以北唯一设置过的市舶司。它主要管理与朝鲜半岛和日本列岛的海外贸易和人员往来以及南方到北方货物贸易的抽税和人员往来。板桥镇市舶司设立后,每年征收的关税(抽解)和舶来品专卖这两项主要收入,就使北宋国库快速充裕起来,并对宋代及之后青岛地区的社会经济发展产生了深远影响。

密州板桥镇市舶司设置不久,高密、诸城两地就被划到重新设置的胶西县内,治所设在板桥镇。这样,板桥镇的行政级别在大大提升的同时,其政治、经济、军事等方面的地位也随之上升。板桥镇逐渐成为我国北方对外贸易的主要港口市镇,逐渐形成以板桥镇为中心的经济发展地区。《宋史·李全传》载:"胶西当登、宁海之冲,百货辐辏。"之后的胶州湾海面上,南来北往的中外船舶进进出出,千帆竞发,呈现出前所未有的繁荣景象。密州板桥镇虽然是北宋最后设立市舶司的港口市镇,但却后来者居上,其后数十年的发展一直遥遥领先于南方设市舶司的诸多口岸,从来没有因管理等方面的原因而像南方市舶司那样时开时停。据《宋史·食货志》记载,广州市舶司、杭州市舶司、明州市舶司等都曾时开时停:"熙宁时,广州市舶亏岁课二十万缗。或以为市易司扰之,故海商不至,令提举司究诘以闻……诏提举司劾之。""熙宁九年,集贤殿修撰程师孟请罢杭、明州市舶,诸舶皆隶广州一司。""崇宁元年,复置杭、明市舶司,官吏如旧额。"所以,密州板桥镇市舶司的稳定性也是其繁荣的基础之一。

南宋建炎三年(1129年),胶西板桥镇与登州、莱州等沿海港口相继被金攻陷。随着山东半岛整个被金控制,板桥镇成为金进行南侵的根据地。在金与南宋长期的拉锯战中,金在胶西(板桥镇)设"胶西榷场"作为与南宋进行官方交易的场所。同时,登州、莱州等港口再次恢复成为与朝鲜半岛进行贸易和往来的主要港口,此时,板桥镇的政治经济地位下降,军事地位增强。

(4)板桥镇市舶司的功能

板桥镇市舶司作为长江以北唯一的市舶司,主要负责与朝鲜半岛和日本进出口贸易的日常行政管理和税收工作。根据相关规定,进出口的货物必须在抽解(10%的税率)之后,才发给凭证放行,或者进入内地进行销售,或者出海去往他国。对于违反《互市舶法》的行为,要根据具体情节给予惩罚。《宋史·互市舶法》记载:"太平兴国初,私与蕃国人贸易者,计直(价值)满百钱以上论罪。十五贯以下黥面,流海岛。过此送阙下。淳化五年,申其禁,至四贯以上徙一年。稍加至二十贯以上黥面,配本州为役兵。""政和三年,诏如至道之法,凡知州通判官吏并舶司使臣等,毋得市蕃商香药禁物。"由此可知,海商若是触犯了《互市舶法》,处罚是很严厉的。另外,《互市舶法》也规定了市舶司所在州的知州、通判(宋代一州的高级官员,其职位略次于知州)等州高官和市舶司使臣等,不得以职务之便买卖外蕃商人进口的香药以及其他禁卖的物品。

据《宋史·食货志》记载,密州板桥镇设市舶司以后,其进出口货物的吞吐量要远远大于杭州和明州(宁波)这两个设市舶司的大口岸的吞吐量之和。《宋史·食货志》还记载,在密州板桥镇港区,除了国内和来自东亚、南亚诸蕃国的物资在这里中转和销售之外,宋元祐三年后甚至连大食国(今阿拉伯地区)的海商也乘船辗转来到密州板桥镇港做生意。其实,早在唐朝就有阿拉伯人、波斯人、大食人,通过陆上和海上丝绸之路来我国进行贸易。"海岱廊道"上的青州、济南等地有大量西亚人,他们在当地聚居并修建穆斯林清真寺,当地人称他们为"蕃客",北宋朝廷还在青州设置过"青州押两蕃使司",专门管理蕃客事务。而在胶州板桥镇,还划出专门的地方给外国人居住,形成新罗村。密州板桥镇连同长江以南几个设市舶司的大口岸,每年只征收一进一出的关税和舶来品专卖这两项主要收入,就使北宋的国库空前充裕了起来。1996年,在原密州板桥镇旧址(今胶州市区)出土了重达30吨、早已锈结成一体的北宋"铁钱山"。北宋,大量的钱币在这里聚集,反映了直到北宋晚期密州板桥镇的经济贸易依旧繁荣的史实。

(5)胶州板桥镇与"海岱廊道"

在宋辽对峙的局势下,板桥镇占尽"天时""地利""人和"。宋朝廷在板桥镇设立市舶司,同时升县设海军使,既着眼于保护贸易、发展经济,也可以在紧急情况下应对北方辽、金对登州、莱州两地的侵扰。板桥镇海军使与登州、莱州两地的海防形成倒"品"字,成为山东半岛海防的铁三角,在抗击金与保护东西南北陆海交通方面起到了重要作用。这也为板桥镇陆海交通地位进入极盛时期奠定了基础。"板桥控东南海道,风飘信宿可至吴楚。"《续资治通鉴》也载:"胶西当登、宁海之冲,百货辐辏……时互市始通,北人尤重南货,价增十倍。全诱商人至山阳,以舟浮其货而中分之,自淮转海,达于胶西。"《续资治通鉴长编》也有"来自广南、福建、淮浙商旅,乘海船贩到香药诸杂税物,乃至京东、河北、河东等路商客船运见钱、丝、绵、绫、绢,往来交易,买卖极为繁盛"的记载。板桥镇成为南北货物贸易的中转站,这里各地客商过往日众,是当时两广、福建、浙江、河南、河北等地商品运往北方的集散地,海运胜过杭州和宁波两地市舶司之和,其贸易额与济南①持平。从板桥镇上岸的货物,很大一部分通过"海岱廊道"经青州到达济南,并因"海岱廊道"连通陆海丝绸之路而使板桥镇市舶司在短时间内达到鼎盛。

2014年出版的《胶州板桥镇遗址考古文物图集》证实了古代板桥镇的繁荣与鼎盛。当时国内南北海运大宗货物一般都在板桥镇转运,东北亚的日韩等国来宋的人员也要从板桥镇上岸,然后转陆路,沿"海岱廊道"北线,经青州—济南—兖州—曹州—汴州—(开封)—洛阳,最后到达长安。曾两次在板桥镇出入、在登州乘船返日的僧人圆仁法师,详述了晚唐时期楚州—海州(今连云港)—密州(古板桥镇)—登州繁忙的海上交通线。当时南方的扬州、宁波等港口延续了唐后期开辟的穿越东海直达日本的航线,但因为当时的造船技术还达不到可以抵御海上强风大浪的水平,对信风规律的掌握也没有现代这么精确,所以,从南方各港口穿越东海抵达日本列岛还是经常会发生船毁人亡的事件。因而,北宋时期大批去往高句丽、新罗和日本等国的商船大多还是选择从胶州板桥镇出发走成熟的"海上丝绸之路"北航线;同样,从朝鲜半岛和日本来中国的商船也大多走"海上丝绸之路"北航线,从板桥镇市舶司入关。而从中亚、西亚大食(今阿拉伯)等国来的商船,沿"海上丝绸之路"南航线到达广州和泉州之后,有时也会选择沿海岸线继续北上将海船开到胶州板桥镇上岸,然后沿"海岱廊道"转运内陆。这样,南方江浙闽一带形成的连接东南亚、南亚、西亚甚至到东非的"海上丝绸之路"南航线,与从胶州板桥镇出发驶往日韩的东方"海上丝绸之路"南北呼应、相辅相成,成为我国"海上丝绸之路"的重要组成部分,而"海岱廊道"就是支撑陆海丝绸之路交会的重要交通大干线。

(三)金朝的密州市舶司继续促进了"海上丝绸之路"北航线的发展

1127年,金灭北宋。但是,金全面攻克山东则是两年之后的事情了。南宋建炎二年(1128年),金派水师从水路首先攻占山东半岛北部的登州、莱州二港口,登州港于"建炎三年(1129年)没于金",后来整个山东半岛被攻占。金朝廷为了征服和统治占领区,迅速接管并继续沿用宋朝廷设立的行政管理机构,对密州市舶司则"因之"(即继续沿用该机构管理海外贸易)。在之后的107年中,金朝统治着淮河以北的地区,胶西(今胶州)板桥镇因战乱由往日的千船万帆变得冷冷清清;同时,由于金控制着东北的广大地区及辽东半岛,所以,金通过陆路交通与朝鲜半岛之间的商贸和人员往来占很大一部分,因此,胶西板桥镇的

---

① 1116年,宋政和六年,齐州升为济南府,济南首次超越青州。金代,青州升为益都府,是山东东路治所,济南府属于山东东路。元代,济南府、益都府属中书省。明代成立山东省,青州府做了8年首府后,便由济南府取代,一直延续至今。

繁荣景象不再。后来,金与南宋和谈双方开设榷场进行互市贸易,胶西板桥镇也设置了榷场,但是,因为双方军事上的不断摩擦,导致板桥镇榷场多次关闭和复开,南北海上贸易时断时续。据史料记载,南宋绍兴十二年(1142年),南宋与金朝廷通过边境商贸谈判,开放多处城镇建立榷场进行双边贸易。已闭港十多年的板桥镇也设立了板桥榷场(后改为胶西榷场),进行南北海上互市贸易。海上商贸活动给板桥镇带来一段时间的繁荣,金以马匹、毛皮、人参、纺织品等换取南宋的茶叶、香料、丝织品、药材、象牙、木棉等。金朝廷在胶西榷场设置令丞,"掌巡逻盗窃及火禁之事,并征榷酤(酒类的税)",双方贸易一度较为繁盛。在金代统治的百余年间,由于战争,板桥镇港口一度成为军港,板桥榷场兴废无常,与飘摇中的金朝统治一样时兴时衰。

在金王朝与朝鲜半岛的关系上,"金灭辽,高丽以事辽旧礼称臣于金"。即早在金灭北宋之前,朝鲜半岛上的高丽已经对金国称臣纳贡了。只是这一时期金王朝的势力主要在长城以北,都城在上京会宁府(今哈尔滨阿城区),所以,高丽与金的陆路交通主要在朝鲜半岛与东北之间。当金灭北宋后,为更好地统治中原,1153年,金帝完颜亮迁都中都(今北京)。金世宗、金章宗统治时期,政治文化达到巅峰。只是金章宗在位后期急剧由盛转衰,加之外受大蒙古国南侵,被迫迁都到汴京(今开封)。这样,至少从1153到1234年的81年的时间里,金王朝的统治中心都处于中原地区,仅凭以前开通的陆路通道与朝鲜半岛进行往来,显然是不足以满足统治者需求的,"海上丝绸之路"北航线是朝鲜半岛到达中原最为便捷、经济和安全的通道。所以,虽然早期金与朝鲜半岛之间的贸易因受政治形势影响主要通过陆路交通进行,但是,金王朝在中原稳定之后,朝鲜半岛与山东半岛之间的交往便恢复往常的频繁。这一时期,山东半岛北侧的登州、莱州两港也恢复了以往与辽东半岛和朝鲜半岛的往来,其职能也从单纯的军事防御转向兼顾军事与贸易管理。而这时,山东半岛南部的胶州板桥镇因为会直接面临南宋从海上的攻击或骚扰,这时的板桥镇市舶司因无法正常行使管理对外商贸的职能,甚至一度降为与南宋进行双边贸易的榷场,且随时会因战乱而被关闭。我们不知道板桥镇市舶司被撤销的具体时间,当其成为板桥镇榷场之时,其市舶司的历史命运就宣告结束了。但是,板桥镇市舶司变成胶西榷场后,依然联通了山东半岛与南宋控制的江浙闽粤之间的贸易,直接或间接地与日商有着贸易与人员往来,甚至对因遭遇飓风或台风被吹到山东半岛的日本人还给予相应的照顾。《金史》记载,兴定元年(1217年)十二月,"即墨移风砦于大舶中得日本国太宰府民七十二人,因籴遇风,飘至中国。有司履验无他,诏给以粮,俾还本国"。这是说日本船舶在中国沿岸购粮时,因遇大风被吹到青岛即墨,说明山东半岛与日本还有人员和贸易往来,并在政策上对之友好宽松。

总之,金与南宋对峙之时的"海上丝绸之路"北航线继续发展,但是真正进行远洋拓展航行的则是"海上丝绸之路"南航线。

七、"海上丝绸之路"北航线在元明清时期逐渐式微

(一)元明清时期,各朝代的不同政策影响着陆、海"丝绸之路"的发展

元明清时期,是中华民族疆域最广阔,也是中华各民族大融合大发展的时期。在战争对峙和朝代更替期间,无论是"陆上丝绸之路"还是"海上丝绸之路"都会发生阻塞、路线的暂时改变甚至中断;而在和平时期,各朝各代则会利用陆、海"丝绸之路"来促进社会经济发展与社会事务管理。比如,宋金辽对峙时期,山东半岛北部的登州、莱州港口被迫关闭成为军港,"海上丝绸之路"北航线的出发港只剩下山东半岛南部的胶州板桥镇港,之后胶州板桥镇因此而崛起迅速发展成江北第一大海港,市舶司在此设置也就顺理成章了。金蒙时期,马背上的民族想要统治汉民族地区,选择沿袭宋朝的行政设置和管理制度,依然在胶州板桥镇设立榷场与南宋进行贸易,在战时将其作为军港,不再进行商贸。随着元明时期南方成为经济中心、北方成为政治中心的格局形成,就出现了南粮北运。当陆路运输成本过大、运河运输又经常受水患或泥沙淤积之苦时,海上运输因运输量大、成本较低而成为南粮北运的首要选择。元朝在海上漕运的同时开凿河海贯通的胶莱运河,板桥镇再次成为南北航运交会的重要一环。元朝疆域辽阔,使得从山东半岛到朝鲜半岛的东西海运也一度成为内海运输,登州、莱州两个港口重新繁荣,胶州板桥镇市舶司的海外贸易职能也转变为一个联通南北东西海运的国内港口的管理职能。随着元朝灭亡,朝鲜重新建国,山东半岛诸多港口再次重启对外政治、经济和军事活动的管理职能。到明清时期,中国与朝鲜保持长期友好的官方和民间往来并援助朝鲜抗日抗倭等,期间短暂出现过明朝廷征伐朝鲜的战争行为。但是,直到中日甲午战争前夕,中朝之间一直都保持着较好的宗藩关系。所以,在这一时期,从山东半岛到朝鲜半岛和日本列岛之间的"海上丝绸之路"北航线总体来说以睦邻友好为主旋律,甚至在抗击倭寇时期,中国与朝鲜半岛之间的商贸、人员往来也没有停止过。但是,由于十五世纪末十六世纪初新航线的开辟,世界大航海时代的到来,"海上丝绸之路"南航线由于地理区位和经济快速发展等原因而迅速发展,远远超过"海上丝绸之路"北航线。以广州和泉州为始发港前往东南亚、南亚、西亚甚至东非和欧洲的"海上丝绸之路"南航线逐渐成熟,不仅为郑和下西洋奠定了基础,也为康熙时期短暂开放禁海,中国迅速发展对东南亚、南亚等国的航运贸易

提供了条件。遗憾的是,加之东南沿海倭寇的流窜、反明抗清势力的存在等原因,明、清时期的海外开放政策都没有持续太久。中国长期的封建自然经济决定了明、清王朝长期实行重农抑商及海禁政策,使得中国丧失了与世界大航海时代拥抱的机遇,更阻碍了资本主义的萌芽、发展。到甲午战争之前,清王朝只开放了广州一个口岸,北方诸多港口则全部禁海。所以,元明清时期,"海上丝绸之路"南北航线都没有获得多少发展,而北航线与南航线相比,更是发展式微。

(二)蒙元初期"海上丝绸之路"的发展

1227 年,"金人尽弃河北、山东",蒙古军占领山东全境,从此,山东落入蒙古的铁蹄之下。1231 年,蒙古入侵高丽,高丽投降蒙军,成为蒙古国的一个藩属国。但是,蒙高双方一直摩擦不断,从 1231 年至 1273 年,蒙古(元朝)先后九次征伐高丽,最终高丽投降。1273 年,高丽成为元朝伐日的征东行省,元朝在高丽设置征东都元帅府,标志着元朝廷实际上已经完全控制了高丽,并将之作为元朝的一个行省了。直至 1278 年,元世祖撤高丽驻军,将征东元帅府迁至元朝东京(位于今辽阳),元朝廷对朝鲜半岛的直接管辖才算告一段落。高丽慑于元朝廷的实力,又是纳贡又是遣使朝拜,使元朝廷与高丽之间的宗藩关系稳定下来。元末,高丽恭愍王撤去征东行省理问所等多个官所,恢复中书门下省等旧制,征东行省名存实亡。在这期间,辽东半岛与高丽互相开放,陆路交通十分便利。元初,朝鲜半岛与元朝的往来主要通过陆路交通,或者经海路在辽东半岛登陆,再由陆路去往元朝的上都[①]。由于元朝将辽东半岛纳入版图并对朝鲜半岛进行控制,渤海甚至黄海的北部也一度成为元朝的内海,加之当时的造船、航海技术也取得巨大进步,所以,高丽与元朝廷之间的官方和民间交往十分频繁,山东半岛的海上航运地位也愈加重要。特别是 1260 年忽必烈即位之后,成吉思汗建立的蒙古帝国分裂成元帝国及位于其西部的四大汗国,为加强对中原的控制,1267 年忽必烈迁都,从上都迁至燕京(今北京)中都。这样,山东半岛就成为元大都[②]连接江浙沿海各贸易重镇和朝鲜半岛的海上运输的交会点,也是拱卫京师的一道海上长城,山东半岛的政治经济和军事地位不断增强。

(三)元朝拓展海上漕运,"海上丝绸之路"南北航线密切连接

元朝作为中国历史上首次由少数民族——蒙古族建立的大一统王朝,结束了中国南北对峙、多民族政权长期并存的分裂和战乱局面,通过不断推进汉化

---

① 上都,蒙古国国都,位于今内蒙古自治区锡林郭勒盟正蓝旗境内,多伦县西北闪电河畔。

② 元大都,简称大都,是元朝的首都,自元世祖忽必烈至元四年(1267 年)至元顺帝至正二十八年(1368 年)为元代京师。其城址位于今北京市市区,元大都城街道的布局,奠定了今日北京城市的基本格局。

政策,社会经济迅速恢复并发展起来。金朝基本沿袭宋制,实行中央政府领导下的路、州(府)、县三级政区制;并将宋朝京东东路、京东西路改名为山东东路、山东西路,"山东"在历史上第一次正式成为行政区划的名称。《山东通志》中记载:"宋元祐三年复置胶西县兼临海军使,属密州,金因之,元太祖始于县置胶州,属益都路。"这是说金朝廷建立之后,对胶州在内的山东半岛诸港口的管理基本沿用宋朝的设置和政策;到元朝时,在原胶西县设置胶州,统领胶西、即墨和高密三县,隶属益都路。登州、莱州、滨州、沂州、潍州、密州、莒州、淄州、棣州、宁海州等 10 州划归山东东路。其他,如宋代设置的济南府,在金代仍保留,属山东东路;元初改为济南路,直隶于中书省。随着社会秩序逐渐稳定、经济逐步恢复与发展,元朝开始形成北方是政治中心,南方是经济中心的新格局。这主要因为,一方面,金、元的南侵使得中原王朝出现第二次大规模衣冠南渡,大量的北方人口向南迁移,带来了南方特别是长江中下游地区和江浙沿海一带的大开发,到南宋中期就已形成"湖广熟,天下足"的局面,南方经济首次超过北方。这种情况一直延续到元朝,并因元朝定都北京而使政治中心进一步北移,从而初步奠定了南方是经济中心、北方是政治中心的格局。在这种情况下,南方的粮食和物资必然会大量运往北方,南粮北运的河海漕运达到历史新高。另一方面,元朝自建立之初就四处征战,1279 年元朝灭亡南宋后,继续对临近诸国发动一系列的战争,如对安南、占城、爪哇、日本等邻国的战争。特别是元初的1274 年和 1283 年,忽必烈两次东征日本,都征集了大量船只、粮饷等物资和军队,利用水陆和海上航线运输到朝鲜半岛,然后向日本宣战。虽然忽必烈的两次伐日都以失败告终,但是,元朝的海上漕运却因此发展迅速,并在长期的海上漕运中不断开辟出新航线。山东半岛诸多港口成为南粮北运过程中的必经之地,大量运粮船在这些港口停靠休息、加水加物资或者对破损的船舶进行修补,从而使得山东半岛成为连接江浙沿海各贸易重镇、朝鲜半岛和日本的交会点。这将带动山东半岛对内、对外经济文化的繁荣和发展,促进"海上丝绸之路"南北航线进一步发展。

1. 元朝南北海运的三条主要航线

第一条航线,从江苏太仓刘家港出发,经江苏启东、盐城、连云港,进入山东诸州、胶县、胶南、崂山、成山,到达天津界河口。这是朱清、张瑄等首次航行使用的海运线路,也是传统循海岸水行的南北海运线路。1274 年,忽必烈第一次征讨日本时,元军已经占领了建康(今南京)、镇江一线,整个黄渤海都在元军的控制之下,只有两淮地区还有驻扎的南宋军队,导致无法通过大运河和陆路把南方的粮食运往北方,所以,利用船舶走海路把南方的粮食运到北方就成为一个合适的选择。1289年,这条海路受到忽必烈的赞赏,一直到1291年都是南方向北方大都(北京)运粮的海上运输航道。

第二条航线,从江苏太仓刘家港出发,经江苏启东,至山东半岛成山、刘公岛、芝罘岛,到达天津界河口。这是1292年由朱清、张瑄等重新开辟的一条线路,从当时的刘家港到江苏太仓,然后到今崇明岛北,再继续航行经过万里长滩,直至海水"透深"(俗称青水洋),才转向东北"开放大洋"(即黑水洋),到山东半岛的成山、刘公岛、芝罘岛,最后到达界河口。这条航线的优点是航程比较短,远离海岸线,绕过了近海的浅滩和礁石,安全性能大大提高。如果顺利的话,半个月就可以到达,比第一条航线缩短了一半多的时间;同时,因事故造成的粮食、人员等损失也大大减少,损耗由16%降到3%。

第三条航线,从江苏太仓刘家港出发,直达山东半岛成山,再到达天津界河口。这是1293年海运的千户殷明略开辟的航线。他对第二条航线进行了调整,运粮船自刘家港出发后,到达崇明州三沙放洋,向东直接行驶到黑水大洋,再向东北到达成山,再到登州沙门岛,最后到达界河口。这条航线明显比第二条航线更为快捷,时间虽然缩短不多,但是因为海船离海岸线更远,安全性大大提高,因事故造成损失的比例降到2%;且直接向东进入黑水大洋,可以利用洋流和季风,能够节省更多人力,如果顺时顺风的话,从浙西地区到京师地区,"不过旬日而已"。因此,安全、快捷的航线使元朝北洋漕运由"一年一运"增至"一岁二运",甚至可以摆脱以前只能从南向北夏季航行的限制,冬季也可以南北航行。这说明人们对季风和洋流的认识和掌握更进了一步,为元朝的粮食安全和货物南北交流做出重要贡献;也为明代的北洋漕运提供了较为理想的模式、为郑和利用洋流和季风进行远洋航行提供了知识储备;也是我们今天研究"海上丝绸之路"历史发展的一项重要内容。

2. 开凿"胶莱运河"形成"河海"漕运特色

我国有史料记载的最早的"运河"是春秋时期吴王阖闾为运输伐楚所用的粮食命伍子胥开挖的"胥河",它东通太湖,西入长江,一直到今天还在使用。中国最著名的运河,是隋朝为巩固其对全国的统治、发展江淮漕运、增强北方边防力量而开凿的运河,也称大运河。它以国都洛阳为中心,北抵河北涿郡、南达浙江余杭,利用了过去开凿的运河和天然河流,先后开凿了通济渠、永济渠,并重修了江南运河,用了20多年的时间,最终将长江、淮河、黄河、海河、钱塘江五大自然水系串联成一个大水系,第一次实现南北通畅。之后,大运河就成为历代朝廷进行漕运的主要航道。只是由于河流经常泛滥、泥沙淤堵以及战争等原因,到宋、金对峙时期,大运河已不能全线通畅。到了元朝,元世祖对运河进行了疏浚和整修,弃洛阳而取直至北京,并开挖了济州河、会通河、通惠河,使大运河航线不必绕道洛阳,从山东中西部穿过,直达大都北京。全程缩短了约 900 千米,使运河漕运获得新生,发展到一个新时期。当然,元朝依然摆脱不了之前大运河泥沙淤堵、河水泛滥或水量不足、沿岸经济掠夺等问题,导致运力降低、运费升高。所以,运河漕运的不力也是促使元代大力发展海上漕运的原因之一。

综合来看元代的三条海上漕运线路,无论是第一条的循海岸水行,还是第二、三条的离岸远洋,从黑水洋北上,它们最终都要绕过山东半岛的成山头进入渤海,然后经莱州湾向北航行到达天津的界河口,可以说是绕了山东半岛东南端一大圈。如果能穿越山东半岛走直线,从黄海直接到达渤海,那么至少可以减少七八百里的航程,能够节省很多时间和费用。另外,走运河可以避免海上的风浪、近岸暗礁浅滩以及海盗侵扰等,安全性能也大大提高。同时,横跨山东半岛的胶莱河正好南北贯穿山东半岛,沟通黄渤两海,是用来连接黄渤海航运的河海运河开凿线路的最佳选择。

《明史》卷六十八《河渠志五·胶莱河条》记载:"胶莱河,在山东平度州东南,胶州东北。源出高密县,分南北流。南流自胶州麻湾口入海,北流经平度州至掖县海仓口入海。议海运者所必讲也。至元十七年(1280 年),莱人姚演献议开新河,凿地三百余里,起胶西县东陈村海口,西北达胶河,出海仓口,谓之胶莱新河。寻以劳费难成而罢。"因为该文中有"劳费难成而罢"的记载,所以后世不时有人质疑胶莱新河(即胶莱运河)是否存在,认为这只能说明莱州人姚演提议过开凿胶莱新河,最终是否成行无法断定。民国学者李秀洁在他的《胶莱运河——中国沿海航运之枢纽》的第三章《胶莱运河开凿史》中曾说:"关于胶莱运河之开凿,史书上并无特殊的记载,兹仅从各方面收集材料,以略考当年开河的事迹。"[①]他从历代只有关乎朝廷利益的大型土木工程才动用国家财物的事实出发,查阅了大量史料并进行实地考察,最终得出结论:莱人姚演提出开凿胶莱运河的建议是获得元世祖允许的。这从至元十七年七月(1280 年 7 月)"派人监工拨款举事"[②]可以得出。郭泮溪等著的《胶东半岛海洋文明简史》中记载,至元十八年(1281 年),元世祖忽必烈任命莱州人姚演为开凿胶莱、马濠两运河工程的总管,任命益都等路宣慰使都元帅来阿八赤负责监督该工程。两书记述的开凿胶莱运河的具体时间有一年之差,但是对于胶莱运河的开凿事实都是认可的。此外,《续资治通鉴》(卷一八五·元纪三)记载:"至元十八年(1281 年)由宣慰使

---

① 李秀洁. 胶莱运河——中国沿海航运之枢纽[M]. 北京:商务印书馆,1912:50.
② 李秀洁. 胶莱运河——中国沿海航运之枢纽[M]. 北京:商务印书馆,1912:51.

都元帅来阿巴齐发兵万人开运河,往来督视,寒暑不辍。"《新元史》记载:"率新附汉军万人,修胶莱河,以通漕运。"《胶东半岛海洋文明简史》也记载,1281 年,确定胶莱运河之事,随后调发兵丁万人,征调益都、淄莱、宁海等州民夫万人,立即开赴工地开凿运河。关于开凿运河所需费用,则以"免益都、淄莱、宁海三州一岁赋,入折佣直,以为开河之用"。这些出现在不同文献和文章中的记载都说明了胶莱运河开凿的事实。

据《胶澳志》记载,胶莱运河这项工程十分艰巨,因为运河沿线大多是花岗岩和沉积岩,十分坚硬难凿,那时的火药主要是不成熟的黑火药,其效力远未达到可以用在开山凿石的工程上。民夫只能用大量柴火烧石头,把石头烧得温度很高时再泼上冷水,使石头变酥后再开凿,从而导致整个工地烟熏火燎,令人窒息。《续资治通鉴》记载,"运河开成后,来阿巴齐被任命为胶莱海运有运使",专门管理河海联合漕运。青岛薛家岛附近至今还有三块记录相关事迹的石碑,碑高 2 米多,宽 1 米。《元史》卷一五一《张荣传·附张君佐传》记载:"率新附汉军万人,修胶西闸坝,以通潜运。"这可以与前者相互印证,说明胶莱运河的建设、航运设施是真实存在的。1983 年,青岛作为第一批沿海开放城市,兴建薛家岛开发区时,曾挖出胶莱运河控制水位和通过船只的闸坝基础,这也是具体的实证。胶莱运河于至元十九年(1282 年)建成后,开始进行河海漕运,并且运力逐年递增。据《大元海运记》中介绍:"当年新开河运,北运粮食两万余石,第二年四万六千余石,第三年二十九万石。"胶莱运河的建设,是我国古代河海漕运的一项创举,胶莱运河是第一条贯通黄渤海的人工运河。如果从镇江、杭州或从珠江口、闽江口出发,北上到黄海,由这里穿过山东半岛进入渤海,再从天津转河运前往大都,的确是一条很理想的捷径。但是,海船船舶吨位大、运量较多,胶莱运河水量不稳,而且还会面临泥沙淤积或季节性洪水等问题。另外,河海漕运还要面临海潮涨落对河道的影响,如河身高于海平面时,会使得船舶很难进入河道,只能"候潮而入"。据《续资治通鉴》(卷一八六·元纪四)记载:"船多损坏民亦苦之。"那时还没有海港、码头或防浪堤设施,以致船只拥挤,容易发生碰撞,导致毁损率增高等。至元十九年(1282 年),胶莱河基本开凿完毕;至元二十七年(1290 年),因海运技术未过关,胶莱运河"万户府"被废,胶莱运河停止运粮,此后便逐渐湮废了。这就是胶莱运河"劳费难成而罢"的始终。

虽然胶莱运河最终还是被废弃了,但是,这毕竟是我国历史上开挖的第一条河海运河,其独特而大胆设想十分具有创新性,对于后世也有很大的影响。明代迁都北京后,在解决南粮北运的问题时,在大力发展海上漕运的同时也多次主张复兴胶莱河工,复通胶莱河运。其实,元朝廷罢废了胶莱运河,也只是放弃了对其河海联运的维护和管理,胶莱运河南段的交通、运输和贸易仍持续了很长时间,比如,马濠运河①仍持续使用了相当长的时间,马濠运河通航时,即墨才子蓝田曾感叹:"南北商贾舳舻,络绎往来不绝,百货骈集,贸迁有无,远迩获利矣。"道光《重修胶州志》载:"至于胶莱运道,明初犹存。永乐时始与海运并罢。"这也是说胶莱运河一直到明初都存在,直到永乐年间才被湮废。

胶莱运河从开凿到废弃,对胶东半岛当地的生产生活产生了重大影响。且不说这一工程对当地政治、经济、文化等诸多方面所产生的连锁反应,仅就工程本身来讲,开凿运河也需要大量工程、水利、航运、地质等方面的人才进行科学、缜密、细致的实地考察和大胆论证,胶莱运河的开凿是我国古代劳动人民勤劳、智慧的结晶。胶莱运河与"海上丝绸之路"北航线相辅相成,成为河海漕运的双璧。

3. 山东半岛第一次设省

山东半岛也称胶东半岛,是中国最大的半岛。它深入渤海、黄海之间,三面临海,经黄渤海交界处的庙岛群岛与辽东半岛连接,东部与朝鲜、韩国、日本三国隔海相望。山东半岛因为地理区位,与辽东半岛、朝鲜半岛、日本等联系紧密。三代时期就有大批燕齐之地的民众乘舟船沿渤海口的庙岛群岛移民东北和朝鲜半岛,他们是探索"海上丝绸之路"北航线的主要参与者;当然,也有东北和朝鲜半岛的民众反向沿庙岛群岛从海上来到山东半岛,他们也同样是"海上丝绸之路"北航线的探索者。所以,从秦始皇统一六国开始,直到唐宋时期,山东半岛的军事战略与经济发展地位都被历代统治者所重视。山东半岛历来被划分为不同的郡县或州县,却从来没有独立设过省。即使北宋时期曾在胶州板桥镇设置过江北唯一的市舶司,板桥镇也只是升格为胶西县,其行政上隶属密州。一直到了元代,因疆域十分辽阔且十分重视东方的辽东半岛、朝鲜半岛和日本等的事务,以及为东征日本做后勤保障等多种原因,元朝廷于至正二十三年(1363年)在山东半岛设置胶东行省,治所莱阳。由于胶东行省存在的时间十分短暂(1368年,元朝灭亡),后世历代也没有再设置过省,因此,胶东行省就逐渐淹没在历史尘埃中而少有人问津了。

元代在山东半岛设置胶东行省的原因十分复杂。首要原因是地理区位。元灭宋后,忽必烈对邻近诸国发动了一系列侵略战争,向南一直打到占城(今越南南部)、爪哇(今印度尼西亚爪哇岛)一带,向北攻占了蒙古地区、东北地区乃至整个朝鲜半岛。至元十一年(1274年),忽必烈攻打日本,因遭遇飓风,无功而

---

① 马濠运河,是横跨山东半岛的胶莱运河的一部分,地处胶州湾西南岸的青岛经济技术开发区(青岛市黄岛区)井冈山路东侧。南口唐岛湾、北口黄岛前湾,为元、明两代相继开凿的海水运河。

还。1280 年,忽必烈决定再次东征日本,并在朝鲜半岛设置征东行省(又称日本行省或征日本行省),专务征讨日本之事。第二年(1281 年),元军分两路进攻日本,又遇风暴,铩羽而归,元朝廷解散征东行省。1287 年,复设征东行省,高丽国王兼任征东行省达鲁花赤(丞相),高丽成为元朝的藩属国。忽必烈时期两次东征日本,所需的兵力和大量战备粮草等都是以胶西板桥镇和莱州港口为中心集结,并通过"海上丝绸之路"北航线运至朝鲜半岛的。从地理区位看,山东半岛是元朝廷对朝鲜半岛进行统治以及征讨日本的重要后勤补给基地。

其次,元朝与朝鲜半岛关系的变化也是设置胶东行省的一个原因。为加强对高丽王室的控制,元世祖实行元丽联姻政策。高丽忠烈王(1274 年迎娶元世祖之女)以后,凡成年的高丽王都要迎娶蒙古公主为王妃(元朝廷的实力是其背后深层次的原因),一直到元朝灭亡都没有发生过高丽王反叛元朝的事件。在朝鲜半岛设置征东行省后,元丽的关系更加紧密。征东行省的长官由高丽王兼任,行省的主要官员也由高丽人担任,根据高丽国俗管理。高丽国得以始终保持自己的独立性。元武宗即位初年(1308 年),应高丽王之请,全面撤回派往征东行省的元朝官员 100 余人,从此,元朝对征东行省施行"因俗而治"的统治政策。元末,国势衰落、农民起义不断,元朝廷对高丽国的管理更是难以顾及。高丽恭愍王五年(1356 年),自行"罢征东行中书省理问所",使高丽国恢复原来内属国的地位。后来,征东行省又复置,但早已不再具有以前的职能,对于元朝来说征东行省已经名存实亡。在这种形势下,元朝廷想要继续对朝鲜半岛施加影响,管理朝鲜半岛和日本列岛的事务,也就只能在自己能够控制的地区——山东半岛设省了。《元史》记载:"至正二十三年(1363 年)三月……立胶东行中书省及行枢密院,总制东方事。以袁宏为参知政事。"后来,在百官志中又补充一句:"又置胶东行省于莱阳,总制东方事。"这是有史以来山东胶东地区唯一的一次建省,距元朝灭亡只有短短 5 年的时间,明显看出元朝力图加强管理以"震慑高丽"与日本等国时的力不从心。

再次,设置胶东行省也有元朝国内社会经济发展需要方面的原因。前文提到,元朝所形成的南方是经济中心、北方是政治中心的格局与其不断提高的航海技术和海运能力相结合,使得元朝的南方与北方在政治经济等方面的联系不断加强。韩国新安郡海域发现了中国元朝时的贸易船,船上的瓷器种类与蓬莱水城发掘出土的高丽古船上的瓷器十分相似,考古专家认为这些船应该是开往中国和日本从事国际贸易的。同时,东方的朝鲜半岛与大陆之间的政治、经济联系也不断变化。加之,高丽国与蒙古皇族联姻,使得高丽国更加频繁通过"海上丝绸之路"北航线从山东半岛上岸与元朝做生意。《高丽史》记载,高丽国王经常以"细纻布"(麻布的一种)作为贡品,献给元朝皇帝。高丽忠烈王二十一年(1295年),"遣中郎将赵琛如元进济州(今济宁)方物苎布(细麻布)一百匹、木衣四十叶、脯六笼、獭皮七十六领、野猫皮八十三领、狍皮四百领、鞍辔五幅"①。"又遣中郎将宋瑛等航海往益都府,以麻布一万四千匹布楮币。"这里的益都府应该是元朝时期的益都路,治所是今天的青州。元朝时期,胶东半岛的莱州、登州、宁海(今牟平)三州都曾属益都路,这三州位于胶东半岛北部。由东往西,经宁海—登州—莱州—青州—济宁,所行线路就是"海岱廊道"北线,也是传统陆、海"丝绸之路"在山东连接的一条线路。当然,民间高丽商人也经常走"海上丝绸之路"北航线到胶东半岛做生意。高丽李朝时期的汉语教科书《老乞大》(成书于元末)就记载了不少高丽商人越海到山东半岛做生意的故事。当元末高丽恭愍王自行"罢征东行中书省理问所"后,高丽对元朝的朝贡大大减少。国内,由于元统治者骄奢淫逸、争权夺利、互相征战,统治者变本加厉地以各种名目向汉人收取赋税,人民负担十分沉重,农民起义不断。而胶东行省在一定程度上也是为了加强海防、保护海上贸易税收和进行半岛管理而设置的。史料记载,元末东方沿海地区屡遭倭寇骚扰,商船经常被劫,民不聊生。元朝至元年间(1335年—1341年),朝廷赐栖霞铁口人武略将军、水军都督牟全金牌,命率师,三征倭寇。父母兄弟不忍其远离,牟全说:"大丈夫风云际会之时,当立功异域,以报国家,焉能从伏田亩间乎?"他奋不顾身,创开水道,风波万里,屡建奇功,为保护沿海百姓和海上贸易做出了重大贡献。

当然,也有学者认为,胶东行省的设立对内还有控制海上漕运以及抑制王保保②的作用。这些都说明山东半岛不仅是元朝通往高丽、日本的重要出海通道,是元朝应对朝鲜半岛和日本诸国事务的重要战略要地,也是元朝南粮北运的重要交通干道。

总之,元代是中外经济文化交流十分活跃的时期。陆路可以通达波斯、叙利亚、斡罗思③和其他欧洲国家。海路主要通过"海上丝绸之路"南北航线到达东北亚的朝鲜、韩国、日本,东南亚,印度,波斯湾以及非洲东海岸。元代,各国旅行家来往中国也十分频繁。《马可波罗游记》重点介绍了马可波罗在中国17年的游历,该书成为欧洲人了解中国及亚洲的重要书籍,对后来的地理大发现也起到了一定促进作用。

---

① 〔韩〕金渭显.高丽史中中韩关系史料汇编[M].台北:食货出版社,1983:610.

② 王保保(?—1375/1376年?)是汉名,蒙古名叫扩廓帖木儿,曾被封为河南王、齐王、中书左丞相等官职,是元朝末年的重要将领、北元政府的支柱。被明太祖朱元璋誉为"天下奇男子"。

③ 斡罗思,蒙古金帐汗国对俄罗斯的称呼。

(四)明朝"海上丝绸之路"南、北航线发展差距较大

明朝建立之初,明太祖朱元璋曾明确规定"片板不许下海",甚至民船造得稍大一些就是违法。如《问刑条例》规定:"官民人等擅造二桅以上违式大船,将带违禁货物下海,前往番国买卖,潜通海贼,同谋结聚,及为向导,劫掠良民者,正犯处以极刑,全家发边充军。"可见,朱元璋的禁海规定十分严苛。这主要是受当时局势所迫,是为了防止临海居民与不愿归顺的"逆贼"相通相济以及不时出现的倭寇而颁布的一种临时性的军事政策。事实上,朱元璋称帝之后的二十余年里,也的确是一直在与元朝的残余势力进行博弈,直到洪武二十一年(1388年)的捕鱼儿海(今贝尔湖)大捷之后,才彻底终结元朝势力,一统天下。从洪武元年(1368年)至洪武二十一年(1388年)的征伐里,南方往北方运送粮草等战备物资大多也使用海运,行走元朝时期开辟的海上漕运线路。所以,明初官方海航并未受到禁海令的影响,朝贡也还存在,只是禁止民间私下航运。另外,经过元末明初农民起义的动荡,明初的国力十分薄弱,周边一些小的藩国想趁机摆脱元朝统治而恢复建国。朱元璋为巩固统治,对内轻徭薄赋,恢复社会生产,对外改变元朝的尚武政策,实施宣化政策,主动向周边国家示好,并将朝鲜、日本等周边15个国家列为"不征诸国"。甚至为了加强与高丽国的联系,分化其与蒙元之间的联系,洪武元年(1368年)明太祖即位,即遣使持书前往高丽谕告。次年,高丽国王颛也遣使上表庆贺明朝开国,并请封号。洪武三年(1370年)朱元璋封王颛为高丽国王,从而确立了两国的宗藩关系。同年,明朝开科取士,"高丽、安南、占城,诏许其国士子于本国乡试,贡赴京师"。从此,中朝往来十分频繁,不仅促进了两地的政治文化交往,也带动了两地的商贸活动,促进了"海上丝绸之路"北航线的恢复与发展。特别是朱元璋以恢复华夏"正统"为己任制定的睦邻友好外交政策和"厚往薄来"的外贸朝贡政策,使明朝在其早期就出现了万国来朝的景象。在海上外交方面,永乐时期郑和多次下西洋,国内外学者对此评价很高,认为郑和七下西洋壮举的意义集中体现在中华民族热爱和平、睦邻友好、自强不息上,这是一场播撒中华文化的"香料之旅",也是15世纪末欧洲地理大发现之前世界历史上规模最大的一系列海上探险,同时也是我国"海上丝绸之路"南航线发展的高光时刻。但是,随着明朝中期政策的改变、沿海倭寇的兴起、海禁的实行,"海上丝绸之路"南北航线均受到重大挫折,以至于错过全球大航海时代的发展契机。

1. 明朝"海上丝绸之路"北航线并未获得较大发展

(1)明初,中朝关系密切,促进了"海上丝绸之路"北航线的恢复与发展

1368年,明王朝建立,疆域基本涵盖了元朝的绝大部分。明朝廷在政权稳

定之后,不断派使臣向周边国家传递自己的友好、传播自己的文化,扩大其影响,以证明自己才是华夏的"正统"。洪武元年明太祖即位,朱元璋即遣使持书前往高丽谕告。次年,高丽国王颛也遣使上表庆贺明朝开国,并请封号。朱元璋应其之请,于洪武三年遣使持金印文诰,封王颛为高丽国王,从而确立了两国的宗藩关系,"自是贡献数至,元旦及圣节皆遣使朝贺,岁以为常"。高丽王朝积极与明朝交好,为了讨好朱元璋,高丽王甚至将自己的年号也改为洪武。朱元璋力图保持这种友好,为防止后世子孙扩张黩武,朱元璋特将朝鲜、日本等周边十五个国家列为"不征诸国"。因此,明朝与朝鲜王朝保持了200余年的友好外交关系。

洪武三年,明朝开科取士,朱元璋"诏高丽、安南、占城等国如有行修经明之士,各就本国乡试,贡赴京师会试,不拘额数选取。是科高丽贡士入试者三人,惟金涛登第,授东昌府安丘县丞。寻以不通华言,请还本国。诏给道里费遣之。上遣礼官徐师吴,往高丽代祀其国山川之神"。这是说,洪武三年,朱元璋下诏,允许高丽与其他番国参加明朝廷举行的科举考试,高丽贡士参加会试的有三人,其中金涛及第,授官后在东昌府任职,做了安丘县丞(今安丘)。但是,因为金涛不通汉语,无法胜任当地职责,所以请求返回高丽。朝廷下诏给他们派遣费,并派遣礼部官员徐师吴同去,从山东半岛走海路("海上丝绸之路"北航线)返回高丽国,代为祭拜其山川之神。洪武五年(1372年),高丽派150多人前往南京国子监留学,途中因遇台风遭遇海难,溺死39人。"帝悯之,遣元枢密使延安答里往谕入贡毋数",甚至对从高丽国运来的贡马,"帝悉迁还"。朱元璋还明确指出:"高丽贡献繁数,既困敝其民,而涉海复虞覆溺。宜遵古诸侯之礼,三年一聘。贡物惟所产,毋过侈。"可以看出,明朝初期与高丽国在政治、经济、文化等方面的交往还是十分频繁的,二者的关系十分友好。甚至因为高丽使臣进贡所走的海路("海上丝绸之路"北航线)经常会遇到台风或巨浪而导致海难,引起了皇帝朱元璋的怜悯,遂规定高丽国以后遵循古代诸侯之礼,每三年朝贡一次即可,贡品只要当地特产,不需要太过奢侈。这充分体现了明朝与高丽、朝鲜[1]之间的友好关系。

洪武九年(1376年),明朝廷"改登州为府,置蓬莱县,时上以登、莱二州皆濒大海,为高丽、日本往来要道,非建府治、增兵卫,不足以镇之"。这说明,洪武初年,登州、莱州二州已成为高丽、日本进出中国的主要港口,为了震慑高丽和日本,改设登州府,设置蓬莱县,并增派兵力。这体现了明初"仁德"与"威服"并存

---

① 1388年5月,高丽将领李成桂发动兵变,背元投明,1392年改国号朝鲜,至1910年日本侵吞韩国,李氏朝鲜灭亡。

的政策。登州、莱州二州紧邻辽东半岛（明朝属于山东省管辖）和朝鲜半岛，从平壤出发，到达辽东半岛之后，经庙岛群岛到达登州港，然后沿"海岱廊道"从济南北上到达京师[①]（今北京），这条线路成为朝鲜、日本与中国交往的最主要的通道。

明朝山东布政使司（山东省）的范围十分广阔，不仅包括今天山东的大部分，还将环渤海的天津、河北和辽东的大部分包含在内，使渤海成为中国的内海。山东半岛和辽东半岛就像两座城堡拱卫着位于渤海西端的京城北京。明朝廷只在辽东设置了都指挥使司，辽东的民政和司法隶属于山东的布政使司和按察司管辖。由山东省统一对整个渤海周边的地区进行行政、军事、司法及其他方面的管理，这对于明朝防范倭寇、促进"海上丝绸之路"北航线的恢复与发展都有积极的促进作用。甚至有学者追踪发现，这一时期山东省跨海管理辽东半岛是山东半岛和辽东半岛的胶辽官话体系形成的原因之一。

明朝迁都北京之后，高丽成为朝鲜国，朝鲜与明朝继续保持宗藩关系，"海上丝绸之路"北航线依然是连接中朝的重要海上通道。韩国出版的《增补文献备考》中有明确的记载："自宜川浦发船至铁山椵岛浦—车牛岛—鹿岛—石城岛—长山岛—光鹿岛—三山岛—平岛—皇城岛—龟矶岛—庙岛—登州—黄县—黄山驿—朱桥驿—莱州府—灰阜驿—昌邑县—潍县—昌乐县—青州府—金岭县—邹平县—章丘县—龙山驿—济南府—齐河县—禹城县—平原县—德州—景州—阜城县—富庄驿—献县—河间府—任丘驿—雄县—新城县—涿州—良乡县—大井店—北京。"这条从朝鲜半岛西海岸到达辽东半岛的铁山，经庙岛群岛，从登州上岸，然后沿"海岱廊道"北线到达济南，再从济南北上到达北京的海陆通道，是北京成为国都之后中朝来往最常用的线路，也是大宗货物和人员从朝鲜半岛到达中国最快的一条路线。

随着明朝灭北元，政权不断稳定，东北大片土地也都归明朝管辖，朝鲜半岛与明朝之间的陆路交通也畅通起来。但是，因为陆路运输所需时间较长，有山川河流的交替阻隔，加之人力、畜力花费较高，消耗较大，所以对大宗普通商品贸易来说，"海上贸易依旧活跃，来自朝鲜的贡舶及商船，仍经常停泊于天津、登州、太仓等港口"[②]。1592年，日本因南北对峙分裂等原因入侵朝鲜，应朝鲜国王的请求，明神宗于1592年和1598年两次出兵支援朝鲜，明朝军士与朝鲜军民并肩作战，陆海两路抗击倭寇，最终将日本赶出朝鲜半岛，取得抗倭（也称万历朝鲜战争）的胜利。战争中的人员运输、战备物资的运送等，都是通过"海上

---

① 洪武元年，将都城从南京搬迁至北平（今北京）。

② 白新良. 中朝关系史[M]. 北京：世界知识出版社，2002：109.

丝绸之路"北航线进行的。

中朝、中日之间通过"海上丝绸之路"北航线进行的政治、军事、经济、文化等方面的往来,大都是在传统运输航线和运输内容上的巩固和延续,与"海上丝绸之路"南航线相比,无论是从航线的开辟还是航运的拓展,前者都远远落后于后者。

(2)胶莱运河重启促进海上漕运继续发展

明朝最终确立了南方是经济中心、北方是政治中心的格局。隋唐以来形成的通过内河和运河进行的漕运是南粮北运的主要形式。元朝开始重视海上粮食漕运,开辟了从浏家港到达莱州的三条航线,海上漕运的比重不断上升。特别是首次开辟海河运河——胶莱运河(由于管理不善、水量不足、泥沙淤积等原因,胶莱运河没有使用多少年就被废弃了)之后,历代朝廷都十分重视海上粮食漕运。到明朝时,海上漕运不断成熟,并开始超过内河漕运。其成熟线路是"自浏家港开洋,至崇明州三洋放洋,望东行使(驶)入黑水大洋,取成山,转西至刘家岛,聚舟宗取薪水毕,到登州沙门岛,于莱州大洋入界河"[①]。这是在元朝开辟的第三条线路的基础上的不断完善,也是"海上丝绸之路"南北航线相互连接态势的继续。这种情况必然促使南北东西交通交会的山东半岛繁荣起来,但是明朝中后期之后猖狂的倭寇对我国沿海地区的侵害、禁海令的时常颁布,对民间海上航运影响很大。

为了降低海上航运的风险、避免倭寇的侵害和缩短航程,明朝廷的一些官员提出疏通胶莱运河的建议,《明史》卷六十八《河渠志五·胶莱河条》记载,明正统六年(1441年),昌邑民王坦上言:"漕河水浅,军卒穷年不休。往者江南常海运,自太仓抵胶州。州有河故道接掖县,宜浚通之。由掖浮海抵直沽,可避东北海险数千里,较漕河为近。"该建议没有被采纳。1571年,"隆庆五年,给事中李贵和请开胶莱河。宗沐以其功难成,不足济运,遗书中朝止之"。之后,关于是否开通胶莱运河,曾有过多次争论,最终是否完全开通并不十分明确。但是,从明永乐十三年(1415年)提出"罢胶莱运河"之后,虽然整个胶莱运河全段没有完全疏通,但该运河南段仍然处于通航状态,即南方海运来的粮食可以通过马濠运河到达胶州湾后上岸,由陆路转至莱州,然后再运往北京。此时,胶州湾北岸板桥镇港口的地位逐渐被位置更好的塔埠头港取代,明朝廷批准徐挺《地方事宜议》的奏折后,青岛口、女姑口、金口等港口逐渐兴起,成为南北海上通商的重要港口。

---

① 孙光圻,张后铨,孙夏君,等. 中国古代航运史:下卷[M]. 大连:大连海事大学出版社,2015:564.

2. 明朝"海上丝绸之路"南航线快速发展

与"海上丝绸之路"北航线相对应的南航线,从郑和下西洋开始获得大发展,最远到达红海沿岸和非洲东海岸地区。

明初采取了一系列休养生息的政策,促进了国内生产的快速恢复与发展,农业、手工业、造船业等各行各业都呈现出欣欣向荣的景象。当人们的生活富裕起来之后,不仅皇家贵族喜爱"番香番货",就是民间有钱的富人也趋之若鹜。但是,朱元璋时期制定了"海禁"政策,严禁民间与外番进行海外贸易,"禁民间用番香番货","凡番香番货,皆不许贩鬻。其见有者,限以三月销尽"。制定这些规定,一方面是因明初形势所迫,害怕渔民与"逆贼"相通相济以及不时出现的倭寇侵扰;另一方面是因朱元璋认为海外贸易和航运纯属多余,是对封建农耕制度的破坏,"四方诸夷皆限山隔海,僻在一隅。得其地不足以供给,得其民不足以使令"。当然,"海禁"政策并没能完全禁止沿海地区广大百姓与番外地区和国家之间的贸易往来,反而引起海外诸国的极大不满,甚至有明朝大臣暗中与海外诸国勾结进行交易。如洪武十三年(1380年)震动朝野的胡惟庸案,"胡惟庸作乱,三佛齐乃生间谍,给我使臣至彼"。洪武末年(1398年)更是出现了"诸番国使臣客旅不通"的僵局。到明成祖朱棣时期,国内经济获得较好发展,中国的丝织品、瓷器等深受西洋诸国的喜爱。为了"维护明成祖在国内的最高统治地位,巩固永乐政权""宣扬明王朝的国际声威,遂赏封建帝王'君主天下''御临万方'的虚荣心,满足上层贵族追求异域珍奇的享受欲望"[①]等,永乐三年(1405年),郑和率船队从南京出发,在江苏太仓的刘家港集结,至福建福州长乐太平港驻泊伺风开洋,远航西太平洋和印度洋,拜访了30多个国家和地区,最远到达东非、红海,史称"郑和下西洋"。这是中国古代规模最大、船只和海员最多、时间最久的海上远航活动,也是15世纪末欧洲地理大发现航行以前世界史上规模最大的一系列海上探险活动。

郑和从永乐三年(1405年)至宣德八年(1433年),共计七次下西洋。从技术上看,郑和下西洋继承了宋元以来由"定性航海"到"定量航海"的航海技术突破,指南针技术这时也上升到磁罗盘导航技术水平;从海洋认知来说,郑和下西洋时已经认识了西太平洋与北印度洋上的气象、水文态势及变化规律,并能熟练应用;从航线上看,郑和的整个航海过程基本是沿着海岸线行进,这些航线大多数是前人经商走过的航线,如郑和前三次下西洋最远也只是到达今天的印度和斯里兰卡,而在千年前法显西行时中国的商船就已经往返这里经商了。所

---

① 孙光圻,张后铨,孙夏君,等. 中国古代航运史:下卷[M]. 大连:大连海事大学出版社,2015:700-701.

以,千百年来航海经验的积累、大批航海水手的养成,加之这时已经有比较丰富精确的航海地图,并可以使用罗盘导航,即使在阴天风暴之时也能顺利到达目的地。如明太祖洪武二十二年(1389 年)编制了《大明混一图》①,该图对沿海地形描述的准确程度,说明了明王朝在航海上的探索与成就,为郑和下西洋提供了必要条件。另外,从造船技术和规模上看,郑和船队的大海船在传统木帆船制造技术上进一步提高,达到空前绝后的地步,如郑和乘坐的大型海船——宝船,可立九桅、张十二帆,其"蓬、帆、锚、舵,非二三百人莫能举动"。所以,郑和船队可以在"洪涛接天,巨浪如山"的汪洋大海上,"云帆高张,昼夜星驰,涉彼狂澜,若履通衢"。很明显,郑和下西洋所使用的航海技术和海船规模比宋元时期有更大的发展,这是我国科技发展水平在海洋航运上的延续和创新,更是"海上丝绸之路"南航线开辟世界大航海时代的标志。

郑和七下西洋的 28 年里,扫平了从东南沿海到南洋、苏门答腊、斯里兰卡的海盗、不服管理或弑君篡位的"伪王",以"王者无外""怀远以德"的中华理念在整个东南亚全面建立起华夷政治体系,展示了明帝国的政治、经济和军事优势,使明朝廷不再担心来自海上的威胁,客观上带动了中外海上贸易的发展。这段时间也是东南亚儒家文化圈形成和发展的重要时期,东南亚儒家文化圈与隋唐时期形成的东北亚儒家文化圈因"海上丝绸之路"南北航线的相连而相互影响、不断发展。

郑和下西洋在一定程度上弱化了明初朱元璋制定的海禁政策,开拓了包括朝贡贸易、官方贸易和民间贸易等形式的海外市场,也形成了在官方主持下以平等自愿、等价交换为原则的贸易形式,如当时郑和船队的官兵都可以携带商品在沿线国家展开贸易。同时,由于郑和代表的明朝廷对中外之间的"朝贡"采取"厚往薄来"政策,一时吸引海外各国纷纷跟随郑和船队来中国朝贡。据史料显示,郑和下西洋的花费以及朱棣对这些外邦朝贡者的大量赏赐,曾一度引发明帝国经济的恐慌,仅白银一项,每年就花费 600 万两,还不包括对两万官兵的嘉奖。而海外贸易带来的高额利润,也使沿海地区的各阶层都有强烈发展海外贸易的愿望,加之我国沿海各个地区的航运条件十分优越、有悠久的航海传统,郑和船队又平定了倭寇海盗,所以,"海上丝绸之路"南航线一时间十分火热。

郑和死后,明朝的海外远航逐渐终止,无论是郑和七下西洋虚耗靡费太甚,还是顽固的封建思想以及农业帝国的土地观念战胜了海洋观念,抑或是封建集

---

① 大明混一图,是现今所存最早的中国人绘制的世界地图,彩绘绢本。以大明王朝版图为中心,东起日本,西达欧洲,南括爪哇,北至蒙古,是我国目前已知尺寸最大、年代最久远、保存最完好的古代世界地图。依据图上两个关键地名"广元县"和"龙洲",推定此图于明洪武二十二年(1389 年)绘制。

团内部争权夺利的结果,最终都导致了统治者放弃向外开拓发展、转而对内守成的局面。明成祖不许沿海军民"私自下番,交通外国",一再下令"仍禁濒海民不得私自出海"。"海道可以通外邦,故尝禁其往来。""禁濒海民私通海外诸国。"对于沿海居民的海外贸易,下令"严禁绝之"。到明朝中后期,虽然官方没有明确地放松海禁,但随着民间合法贸易以及走私贸易的蓬勃发展,明朝初期严厉的海禁政策已经松动。明英宗(1427年—1464年)以后,随着朝廷政治日益腐败,海防放松,这一时期的日本因南北朝分裂、封建诸侯割据导致日本浪人又开始侵扰中国沿海地区,引发戚继光抗倭,海禁政策再度加强,直至明朝灭亡。当然,"海上丝绸之路"南北航线也因之时而繁荣时而受阻萧条,难以顺利发展。

　　明末清初时期,从全球视野看,西方各国正处于"寻金热"和"传教热"的状态,具有强烈的海外扩张欲望,西欧社会各阶层普遍存在到大洋彼岸意外发财的愿望,航海成为全社会共同关注的事业,从而为专制君主与私人航行相结合提供了社会前提。而明清统治者依然顽固地维持着晚期封建统治,推行重农抑商以及海禁的封建政策,遏制资本主义的萌芽,一次次错过历史发展的大好时机。同一时期的日本,经过100多年的"战国时代"进入幕府时代,国家的统一使日本的政治、经济、文化等方面不断完善和加强,日本鼓励和支持工商业的发展,海外掠夺频发、海外贸易异军突起。这些都使一直领先世界的"海上丝绸之路"与中华民族面临着前所未有的挑战。

(五)清早中期"海上丝绸之路"北航线的发展一波三折

1. 清朝前期的海禁与"海上丝绸之路"北航线的恢复

　　清朝早期,实施严厉的海禁政策,其主要根源在于落后的封建社会生产关系和政治体制,但也是为了防范以郑成功为代表的"反清复明"的民间海上武装运动。郑成功初期以厦门、金门等为基地,多次出动水师高举"反清复明"的旗帜进攻东南沿海各地,并两次挺进长江,围攻南京等地,甚至派遣大将张名振率60艘战船北上进攻山东登州、莱州地区,后遭清军反扑而失败,郑成功不得不退守台湾。所以,清早期为安全之需,实行严格的海禁,顺治十二年(1655年)六月,下令沿海省份"无许片帆入海,违者立置重典",从南到北在各大港口设置海防,以防范各种可能的海上威胁。顺治十八年(1661年),更是实行严厉的"迁界禁海",强行将江、浙、闽、粤、鲁等省沿海居民内迁三十至五十里,设界防守,严禁逾越。比如,山东胶东半岛有漫长的海岸线,为此,清政府在山东设置十府二州八散州(省会在济南府),胶东半岛就占有登州府、莱州府、青州府、沂州府、武定府、胶州直隶州等六府。其中,登州、莱州设有海防道,胶州驻有水师营,对沿海商贸与人员往来进行严格的管理。所以,清早期严格的海禁政策使南北"海上丝绸之路"的商贸、海运活动大多处于停滞和半停滞状态。直到康熙二十年(1681年)三藩之乱平定、康熙二十二年(1683年)收复台湾,清朝廷才逐渐放开海禁,于康熙二十三年至二十五年设立了闽、粤、江、浙四海关,分别管理对外贸易事务。清政府不但放开东西两洋[①],而且一向严禁的赴日贸易也在开放范围之内,这较之明代隆庆年间的局部开海范围要大得多,对清朝的经济、政治、文化等方面产生了较大影响。

　　山东半岛是在康熙四年(1665年)三月开始解禁的,早于南方的全面解禁。清初,渤海和黄海北部已经被清朝廷牢牢掌控在手中。而朝鲜于1627和1636年两次被清朝军队攻伐,不仅丢掉平壤,而且被迫对清朝称臣,1637年李氏朝鲜成为清王朝的附属国。所以,当1644年顺治帝迁都北京时,整个北方及朝鲜半岛都成为自己稳定的大后方。顺治帝迁都北京,大量家属及包衣随行,导致东北人口剧减,经济发展严重受阻。清政府曾于1644年—1667年颁发辽东招垦条例,奖励蒙汉移民开垦,以恢复辽河流域的经济发展,这在一定程度上促进了山东半岛与辽东半岛之间的交往。历史上中原、南方与东北之间大量的物质文化与人员交流就是通过山东半岛与辽东半岛的"海上丝绸之路"北航线进行的。山东半岛的诸多出海口对内可以辐射整个华北、华东及东南沿海地区,从这里发出的粮食、农副产品,特别是全国各地的丝绸制品和各类瓷器等,其质量和数量远远超过辽东半岛的货物。同时,迁都之后的都城需要全国各地大量的物资和人员通过陆海两路运往北京,所以,通过山东半岛与辽东半岛之间的海上交通,中原地区和南方的物资、商品、人员等要么直接去往天津到北京,要么通过辽东半岛进入东北的纵深地区——清王朝的龙兴之地。一时之间,整个渤海圈内的海上交通十分繁忙。康熙四年(1665年)三月,康熙"喻兵部:'山东青(州)登(州)莱(州)等处沿海居民,向赖捕鱼为生,因禁海,多有失业,……令其捕鱼,以资民生。'"解禁后的山东半岛与辽东半岛和朝鲜半岛之间的海域经常有船只进行"渔采贸易"活动。从康熙至乾隆年间的30余年里,山东沿海与朝鲜沿海的民间常以捕鱼、采药等名目进行交往和商贸活动,"海上丝绸之路"北航线一度恢复和繁荣起来。清政府在开放南方沿海港口时比照山东半岛诸港口的做法进行管理,总体政策比较宽松,只是对粮食、军用物资等加以严格限制。康熙

----

　　① 两洋,在明、清时期一般是指南洋和北洋。其中南洋是对东南亚一带的称呼,是以中国为中心的一个概念。北洋在清朝时期也指自江苏以北的沿海诸地称为北洋。与之相对应的还有西洋和东洋的说法,西洋指马六甲海峡以西的印度洋地区,还包括欧洲或更远的地方,清朝时一度特指欧美国家;东洋特指日本。

二十三年(1684年),准"浙江沿海地方请照山东登出见行之例,听百姓以装载五百石一下船只往海上贸易捕鱼,预行禀明该地方官,登记姓名,取具保结,给发印票,船头烙号。……定税之重轻,按季造册报部。""若有违禁将硝磺、军器等物私载在船出洋贸易者,仍照律处分。"

清朝的全面开海政策,只实行了三十余年就开始收缩。众多学者认为这主要是因为清朝廷要禁防"民夷交错",也有学者认为此时清王朝西北准噶尔部正准备入侵以及康熙帝与罗马教廷关系紧张等也对南洋禁航令产生了重要影响。[①] 无论原因如何,清朝的开海与禁海政策多次反复,主要针对的还是海盗和"南洋""西洋"势力的侵扰,对于北方特别是山东半岛、辽东半岛与朝鲜半岛民间的"渔采贸易"还是采取相对比较宽松的政策。《清史稿·朝鲜列传》记载:"康熙四十年(1701年),先是渔采船并贸易人至朝鲜,往往侵扰地方。至是谕王令查验船票人数姓名籍贯,开明报部,转行原籍地方官,从重治罪。""四十九年(1710年)五月,朝鲜商人高道弼等被风坏船,飘至海州(今连云港一带)获救,江苏巡抚张伯行以闻。谕令高道弼等由部给文,驰驿归国。""五十年(1711年),严饬沿海居民,不许往朝鲜近洋渔采,或别地渔采人到朝鲜,并皆捕送。""雍正六年十月,吟请朝鲜盗贼潜入内地,谕兵部檄盛京、山东边境官严拿究治。""乾隆四年(1739年),嗣后凡朝鲜民人被风漂入内地者,俱给赍护送归国。迄至光绪朝,抚恤如例。"这些都说明海禁时期山东半岛、朝鲜半岛等地之间的民间"渔采贸易"活动还是比较活跃的。而且清王朝在面对朝鲜、日本等国的渔民和商户遭遇风浪遇险时,也比较宽容,"俱给赍护送归国"。所以,这种相对宽容的态度应该是中朝和中日民间"渔采贸易"屡禁不止的主要原因。

2.清朝中期海禁的反复与海上漕运

面对沿海不断出现的"海寇"活动和西方势力在东亚海域的潜在威胁,康熙五十五年(1716年)十月,召见大臣,提出海禁问题,次年,正式实行南洋海禁政策。雍正五年(1727年),大臣多次上书,担心闽粤地区因海禁而引发海患,同年废除南洋禁海令,随即重新开放了粤、闽、江、浙四个通商口岸。乾隆年间(1757年),由于洪任辉事件[②]的爆发,乾隆宣布江、浙、闽三个海关,下辖口岸不再对西洋船只开放(南洋贸易,不受此局限),只有粤海关允许西方人贸易,并对丝绸、

---

① 刘凤云.清康熙朝的禁海、开海与禁止南洋贸易[C].//故宫博物院八十华诞暨国际清史学术研讨会论文集,2005:56-70.

② 洪任辉(James Flint)是18世纪的一名英国商人和外交家,1755年,被英国东印度公司派往宁波贸易,因东印度公司增加了宁波的贸易量而导致广州港大受影响。朝廷因此将浙江海关的关税提高一倍。乾隆二十四年(1759年),洪任辉进京告御状。此后,清廷将广州作为唯一的口岸,颁布《防夷五事》,限制外商活动。洪任辉事件也成为清政府彻底实行独口贸易的标志。

茶叶等传统商品的出口量严加限制,对中国商船的出洋贸易也规定了许多禁令,这就是历史上的"一口通商"(也称"独口贸易")。此后,闭关政策更加严格,直到鸦片战争的爆发,对西方越来越严厉的海禁政策成为封建中国与西方新兴资产阶级国家之间矛盾的焦点,也是鸦片战争的主要导火索。当然,在西方工业革命迅猛发展的形势下,传统木帆船航运业与坚船利炮之间的代际差距也是导致西方列强侵略、分裂中国的原因之一。

清军入关后对运河漕运极其重视,在漕运上投入大量人力、物力和财力,到康雍乾时期达到运河漕运的历史顶峰。嘉庆八年(1803年)十一月,黄河在河南决口,漕运梗阻,已严重威胁到清朝廷的统治秩序,嘉庆帝才开始让大臣讨论漕运转型,改走海路运送漕粮的事情。一直到道光四年(1824年),黄河在江苏淮安决口,导致漕粮无法经运河北运,京师出现了粮食供应危机,道光帝不得已下令筹议海运,并于道光六年(1826年)首次试行漕粮海运。虽然这次海运漕粮速度之快、费用之省、运输之顺利,远超清朝廷预期,但是,发展了200年的漕运,早已形成一条涉及众多部门和行业利益的产业链,所以,"海运乃权宜之计"的观念随着河运的疏通再次占据上风。咸丰二年(1852年),运河淤塞,漕运受阻于山东临清,清廷被迫恢复了海运。特别是太平天国运动的兴起,再次切断了南北漕运通道,导致京城大米断绝达三个月之久,在这种情况下,再也没有人出来反对漕粮海运了。咸丰三年(1853年),清廷下令浙江全省以及苏、松、常、镇、太四府一州的漕粮一律走海运,湖北、湖南、江西、安徽四省的漕粮折成白银,转运到京城或就地充当军饷。在太平天国运动期间,社会动荡加剧,清廷更加无力治理运河,河运持续衰微,山东部分运河段甚至淤垫成了平地,南北大运河北段基本丧失了航运价值。咸丰五年(1855年),黄河再次决口改道,冲毁运河堤岸,黄泥漫灌河道,大运河千疮百孔,短期内难以恢复,漕粮海运遂占据了主导地位。自此,海上漕运再次使山东半岛沿海诸港口变得热闹起来。

早在鸦片战争之前,西方殖民者就觊觎山东半岛沿海的巨大商机和重要的军事地位。山东半岛地处南北东西海上航运的中心地位,是"海上丝绸之路"北航线的启航点,同时,山东半岛又经"海岱廊道"连接起东北亚与中原和华北的广大腹地,向北拱卫京津地,向南连接淮河流域和两湖流域。所以,打开山东半岛的门户,就意味着占据了中国的北方市场和打开了进入北京的大门,意味着可以扼守南方通往北方的陆海交通要道并可以威胁清王朝的国都北京。为此,英国的船只在道光十二年(1832年)和十五年(1835年)两次来到我国,在沿海各大港口海域徘徊,借机刺探情报,绘制海图,掌握详细的炮台资料,并驶入山东半岛海域,要求进行贸易,后遭到清朝廷的拒绝,并被"巡堵驱逐,不准进口",

这也成为英国进行鸦片战争的借口之一。

3.鸦片战争之后的"海上丝绸之路"

清道光二十年(1840 年),鸦片战争爆发,西方列强用武力打开中国的南大门,清朝廷被迫开放广州、福建、厦门、宁波、上海五处通商口岸。以英国为首的西方列强不满足已有的通商口岸,继续北上山东半岛,企图强行进入山东口岸进行贸易。清朝廷为防止西方列强借经商之名进入山东半岛,进而威胁京津地区,所以对山东半岛再次实施海禁,把强行进入山东半岛沿海的西方商人视为强盗,或驱赶或擒获,但是依然无法阻挡西方商船的进入。《清实录》中有许多洋人或强行进入山东洋面或登岸"买地造屋"的记载:道光二十九年(1849 年)有"山东洋盗情形请饬办"等语。"据奏,登州、莱州洋面,上年有盗匪在石岛(今荣成石岛镇)、烟台各岛屿盘踞,截劫商人柳同兴、黄裕隆等船只五十余起之多,继复登岸抢掠……先在宁海一带复肆蠢动。""咸丰元年(1851 年),八月十二日,洋盗扰害商船,拒伤官弁,竟将水师战船占驾九只。"咸丰八年(1958 年)三月,英法联军的军舰轻松越过号称"京畿门户"的渤海湾,直达天津大沽口海面,山东半岛与辽东半岛沿海的军事布防形同虚设。同年六月,清政府与英法等国签订了《天津条约》,除向英法等国赔款外,还增辟登州等 10 处为通商口岸,外国人不仅可以在中国内地通商、传教,还可以管理中国海关等。

1894 年,甲午海战清朝廷战败。1897 年,德国以"巨野教案"为借口侵占青岛,迫使清政府签订《胶澳租借条约》,从此,开始了对青岛的殖民统治。"海上丝绸之路"北航线到处腥风血雨,千年古航道布满中华儿女的伤痛与鲜血。

第四章 "海岱廊道"是丝绸之路的
物流大通道

一、海岱地区是丝绸的发源地

(一)古代桑蚕发源的地理条件

海岱地区多为低山丘陵,胶莱平原将其分为鲁中丘陵和鲁东丘陵,合在一起构成山东丘陵,是我国三大丘陵之一。这里气候温暖,有利于蚕虫的发育生长。根据考古资料,距今7000年～6000年,海侵达到最盛,说明这一时期的气温最为温暖。之后气温逐渐下降,到距今4000年左右,海平面相对稳定,说明气温也相对稳定。距今7000年～4000年,正是新石器时代和夏商时期,气温较现在温暖,气候也较现在湿润,非常适合桑蚕业的兴起与发展。

20世纪30年代初,山东济南历城区两城镇龙山文化遗址出土了一块碳化竹节以及似竹节的陶器器型,气象学家竺可桢认为在新石器时代晚期,竹类分布在黄河流域,可一直到东部沿海。当时,黄河流域的温度应该相当于今天长江流域的温度。竺可桢在《中国近五千年来气候变迁的初步研究》一文中,根据大量考古资料提出假设:"五千年以来,竹类分布的北限大约向南后退1～3纬度。对照黄河下游和长江下游各地温度,可以说五千年前的仰韶到三千年前的殷墟时代是中国的温和气候时代,比现在年平均温度大约高2℃左右,正月份的平均温度高3℃～5℃。"我们知道,济南历城区位于北纬36°40′,位于海岱地区北部。往南3°到北纬33°左右,这里大概是今天的河南南阳、安徽蚌埠一带,属于长江流域的北岸地区,这里冬天最冷温度也很难到达零下,何况是距今7000年～6000年的北辛文化和大汶口文化时期呢?所以,我们可以确定至少在夏商周以前,海岱地区的冬季最低气温与今天长江中下游的气温大致持平。对古青州地区木本植物孢粉进行考古调查,会发现两汉之前这里的森林植被以桑属种类的阔叶树为主,较利于桑虫的饲养和生长。所以,海岱地区众多丘陵低山的沟洼向阳处,往往是野蚕密集结茧越冬的好地方。将悬挂于野桑树上的野蚕茧拿来煮熟或烧烤作为食物,再将其连缀物收集起来反复锤打、鞣制成轻便耐穿又可挡风寒的丝绕或丝絮,就形成了最原始的丝绸。随着人们对野桑蚕的驯养及蚕茧抽丝纺织技术的发展,丝绸就生产出来了。因此,桑蚕丝绸的产生一定是随着人们的生产生活而产生的,并随着生产生活的发展而不断发展。台湾学者邹景衡认为,世界上桑树大致分布在北半球,其中以白桑最为普遍,而白桑原产于古青州。有桑才有蚕,才有对野蚕的驯化,才有蚕茧抽丝,进而产生丝绸和丝织业。他据此认定,山东是中国蚕业的发源地。

当丝绸成为统治阶级专享的特权和财富象征时,桑蚕和丝绸就被融入文化的内涵,甚至连蚕也被人们寄予无限美好的寓意。1985年山东济阳刘台西周墓中出土了一批玉蚕,与1966年山东青州苏埠屯商代墓葬中出土的玉蚕大致相同,这充分说明商周时期的山东海岱地区种桑养蚕已经较为普遍。出土的这些玉蚕口上多有圆孔,可穿绳佩戴成为装饰品,说明桑蚕在当时生产生活中的重要性及其所包含的丰富文化蕴意。如《诗经》中就有描述植桑养蚕生产活动的诗句:"蚕月条桑,取彼斧斨,以伐远扬,猗彼女桑。"元朝诗人仇远在《生查子》中写道:"钗头缀玉蚕,耿耿东窗晓。"另据张守节《史记正义》引《括地志》云:"齐桓公墓在临淄县南二十一里牛山上,亦名鼎足山。晋永嘉末,人发之……得金蚕数十薄,珠襦、玉匣、缯彩、军器不可胜数。"得金蚕数十薄[①],其富裕和奢侈程度令人咋舌,这也佐证了海岱地区的人们对养蚕业的高度喜爱、依赖与崇拜。因此,众多学者认同山东地区是我国桑蚕业的重要发源地。齐涛在他的《丝绸之路探源》一书中多次论证黄河流域是中国蚕桑的最早发祥地;高洪雷在他的《丝绸之路:从蓬莱到罗马》一书中,从气候、土壤、技术、政策四个方面论证山东是丝绸的发源地;台湾学者邹景衡根据桑树分布推测山东是中国蚕业的发源地;还有多元论的代表者蒋猷龙也把山东放在丝绸发源地的首位。至于海岱地区有关丝绸方面的大量故事和传说,民间流传至今的秋季上山收集野蚕蛹用来治愈伤风、感冒、咳嗽的习俗,都表明海岱地区是蚕丝的发源地,是中华丝绸文化的重要起源地之一。

(二)海岱地区在秦汉之前是华夏丝绸的重要生产地

《史记·货殖列传》记载:"齐带山海,膏壤千里,宜桑麻,人民多文彩布帛鱼盐。"这是说,从夏商周到春秋战国时期的海岱地区,沃野千里,所产风物多以丝、鱼、盐为主;加上齐国的工商立国方针,齐国出现了"人物归之,襁至而辐凑,故齐冠带衣履天下,海岱之间敛袂而往朝焉"的局面。甚至越国大将范蠡,功成隐退后,经常贩丝绸于临淄与陶邑(今菏泽定陶)之间,人称陶朱公。期间范蠡三次经商成为巨富,又三散家财,自称鸱夷子皮,被后人尊称为"商圣"或"文财神"。至于海岱地区因丝绸生产规模大、产品数量多、质量上乘而成为全国丝绸

---

①　薄,养蚕的工具,如:薄曲(养蚕的器具。多用竹篾或苇篾编制)。

业中心的事例,我们可以从春秋战国时期的齐国到汉朝"三服官"的设置中找到答案。《汉书》记载了三处最重要的丝绸产地:①东织室和西织室;②临淄三服官;③襄邑三服官。东、西织室就设在长安,"主织作缯帛之处",每年费钱五千万;襄邑(今睢县)三服官,产品主要供九卿以下官员作服饰之用,每年费钱五千万;而临淄"三服官"专为皇室提供大量丝织品,每年花费数亿钱。这是说襄邑和长安的三服官每年花费在丝织品上的钱都是五千万,而临淄三服官每年花费在丝织品上的钱数则高达数亿,几倍于前两个三服官支出之和,充分说明了齐地临淄丝绸产量的巨大。《汉书·贡禹传》也有"故时齐三服官输物不过十笥,今方齐三服官做工各数千人,一岁费数巨万……三工官费五千,东西织室亦然"的记载,与前面的内容相互印证,都是说明汉代齐地丝织业的发达。临淄三服官的精美丝织品,通过"海岱廊道"运往京城长安,除汉皇室自己消费一部分外,其他或用于赏赐或走上西出长安的漫漫丝绸之路去往中亚、西亚甚至欧洲。《盐铁论·本议》认为,秦汉之时,蜀、汉之地盛产蜀布,齐、陶之地盛产缣,兖、豫之地多产丝,且"蜀、汉之布"与"齐、陶之缣"并称,共同集结于丝绸之路上。甘肃敦煌曾发现写有"任城国亢父缣一匹,幅广二尺二寸,长四丈,重廿五两,直钱六百一十八"的长绢条,说明齐鲁之地的任城亢父缣早在秦汉之时已经远销河西走廊及西域。1907年,敦煌出土的秦汉时期的"任国亢父缣"等丝织物,也印证了这一点,说明山东海岱地区的丝织物已成为丝绸之路丝织贸易的重要货源。

"齐纨鲁缟"虽是齐鲁两国之间的贸易金融战,但也是盛赞齐鲁两国纺织业的发达。早在姜太公初到齐地治理国家时,"因其俗,简其礼,通商公之业,便鱼盐之利。而人民多归齐,齐为大国"[①]。同时,太公还"劝其女工,极技巧",从而使齐国成为当时的丝织业中心。到齐景公时,"衣黼黻,素绣之裳,一衣而五彩具焉",这是说齐国的丝织品十分丰益,景公穿着绣黑白相间花纹的上衣,白底的绣着各种花纹的下衣,一身衣裳五颜六色都齐备了。《战国策·齐策四》曰:"君之马百乘,无不披绣衣而食粟者。""景公赏赐及后宫,文绣披台榭。""君之玩物,衣之文绣。"这是说连马匹和楼台亭树上面都披着丝绸彩缎。2006年6月,在青州市谭坊镇香山之阴,青州博物馆挖掘出一处大型的陪葬坑,出土陶马俑等器物2000余件,均饰彩绘。而陶马的背上就彩绘着颜色十分艳丽、花纹极为考究的丝织品。据初步考证,该墓葬为西汉初期淄川国的王墓,他的封地就在"海岱廊道"北侧(今天的青州北部)。因此,《汉书》有言,"言天下之人冠戴衣履

---

① 司马迁. 史记:第3册[M]. 北京:中国文史出版社,2021:1-65.

皆仰齐地"。鲁国的锦织业也很发达,鲁锦的织造工艺、流程十分复杂,从采棉纺线到上机织布要经过大小72道工序,才有这样柔软洁白的丝织缟。《资治通鉴》中说"强弩之末势不能穿鲁缟"者也,在一定程度上也是在述说鲁缟的轻柔软薄,即强弩之末的力量弱到连这么轻柔软薄的鲁缟都无法穿透。所以,"齐纨鲁缟"放在今天,完全可以理解为齐鲁两国的丝绸服饰当时引领天下潮流,齐、鲁两国的都城临淄和曲阜是当时引领各国服装潮流的时尚之都。同时期的齐鲁大地"海岱廊道"南北还有其他繁华城市,如即墨、不其、琅琊、莱州、登州、青州、莱芜、郯城、东阿、肥城、曹州、定陶等,这些城市大都一直延续至今,支撑着"海岱廊道"的繁华。这也从另一方面说明,道路一旦形成往往具有相当的稳定性,它不会随意跟着朝代的更替而废止;而城市的建设总是围绕着政治、经济与道路的发展而进行的。所以,今天我们只要紧紧沿着"海岱廊道"、抓住这些城市,对其历史脉络进行梳理,就一定能找到其与"丝绸之路"千丝万缕的联系。

(三)海岱地区是丝绸之路丝绸的主要原材料基地

丝绸作为服装及装饰品的高档原材料,从商周之时就为贵族专享,甚至因为丝绸的轻柔易运输、好储藏、便以分割等特点而被视为与货币等同的一般等价物,一直到唐宋时期,丝绸都可以被抵作赋税和作为货币使用。所以,丝绸是一种纺织物品,更是一种货币、一种身份的象征。俗话说,"十里不贩柴,百里不捎针"。在古代交通工具十分简陋的条件下,只有与货币一样轻便、好带、价高、易分割的丝绸,才会被商人携带,跨越千山万水,从海岱地区经中原(或草原)、西域到达中亚、西亚直至欧洲。所以,丝绸之路是一条商贸之路和物流之路,也是一条货币发展沿革之路。

二、海岱地区为丝绸之路提供粮食、盐铁和漆器等物资

(一)海岱地区的齐、鲁两国是重要的粮食产区

富饶的海岱地区,膏壤千里,不仅是丝绸的主产区,还是重要的粮食、铁器、漆器的生产地。作为内陆典型的封建宗法制农业文明代表的鲁国,地处海岱地区的中南内陆,国力最强时,疆域北至泰山、南达徐淮、东至黄海、西抵山东定陶一带,包括今天山东省南部,河南、江苏、安徽三个省的小部分。鲁国的统治核心区大多位于今山东济宁境内,国都在曲阜,是周王朝控制东方的一个重要邦国、一度与齐国争夺东方的霸主。鲁国以汶河流域和泗河中上游地区为中心,境内的丘陵与西部中原之间,有大片肥沃的土地,《史记·货殖列传》称这里"宜五谷桑麻六畜"。到春秋后期,鲁国通过"初税亩"(前594年)最早承认土地私有制,使农业生产获得较大发展,在众多诸侯国中最早实行一年两收,不久便

"税以足食,赋以足兵"。鲁国的农作物以水稻和冬小麦为主,因粮食富足,鲁国民间开始普遍酿酒,饮酒也从周礼中的"尊天敬地"的祭祀礼仪变成人间"礼尚往来"的风尚。"鲁酒"因其度数低而以"酒薄"著称,这里的"鲁薄酒"并不是劣酒的代名词,而是指可以使各种身份的人在饮酒时能够"尽其礼"而不致伤身。所以,千百年来,山东人热情好客最直接的体现就是请人喝酒吃饭,将"礼"与"情"充分融入山东人深厚的酒文化里。

齐国位于海岱地区的中东部,国都在临淄,西部和南部与鲁国相邻,北邻燕赵,往东直到大海。齐国建国之初,"昔太公封营丘,辟草莱而居焉。地薄人少"。但是,姜太公颁布"通商工之业,便渔盐之利"的治国政策后,逐渐使齐国由地薄民寡的小国发展为经济富庶、人口众多的泱泱大国。姜太公自齐国初建时就因地制宜,在注重发展黍、稻生产的同时,利用境内矿藏丰富、鱼盐资源丰富的特点,大力发展冶炼业、丝麻纺织业、渔猎海盐业等;同时利用齐国海、陆交通便利、百姓有重商传统的优势,大力发展手工业和商业,推行与列国通货的外贸政策。到齐桓公时期,甚至利用齐国的粮食和丝织品优势,对周边的鲁、梁、莱、莒等国进行粮食战争(也称经济战、金融战等),以支持其争霸大业,"齐纨鲁缟"[①]就是粮食战的著名案例。在这种"农、工、商"三项并举的国家政策的指导下,齐国逐步由偏僻荒凉的小国发展为春秋五霸之首、战国七雄之一,成为雄居于东方的大国、富国,其他诸侯各国纷纷前来朝拜。

(二)齐国最早实行海水煮盐和食盐专卖制度

齐国人利用海水和卤水熬制食盐,形成海岱地区特有的"青州贡盐""北海之盐""渠展之盐""东莱鱼盐""幽州鱼盐""齐之海隅鱼盐之地"。春秋之时,为了适应其争霸的军费需要,齐国宰相管仲率先进行改革,推行"官山海"政策,即将山林海泽的资源收归国有,食盐和矿产首当其冲,开创了中国最早的盐政和矿产资源的国家垄断。通过食盐官营,盐业税收逐渐成为齐国财政收入的重要来源,齐富国强兵就是依靠这些鱼盐资源不断实现的。近年来,文物考古部门在东至昌邑,西至广饶,北至河北盐山、海兴滨海平原,南至黄岛、日照,横跨250余千米的范围内发现和确定了十几处大型盐业聚落群。单个盐业聚落总数近500处,每个盐灶一次煮盐可产盐上千斤,整个齐国沿海地区年产量在几十万

---

① "齐纨鲁缟"出自春秋时期鲁齐两国之间的一次贸易战。说是鲁齐两国经常发生摩擦。桓公与管仲商议对付鲁国的办法,管仲想了一条奇计。他请桓公带头穿鲁缟做的衣服,令大臣也要穿鲁缟做的衣服。于是齐国百姓也都纷纷效仿。一时间,导致缟布涨价,同时却禁止齐国百姓织缟布,只对鲁国开放,表面上鲁国大挣齐国缟布钱,但是鲁国因此全国全织缟布而放弃农业生产。一年后,齐国拒绝鲁国的缟布,而这时鲁国已经没有粮食了,被迫签下遵从齐国的条约。

斤,数量是相当惊人的。[1] 食盐除了在本国销售外,齐国还通过"海岱廊道"及黄河和济水的水运,源源不断地将其运往中原地区的梁(魏)、赵、宋、卫、濮阳等地。[2] 到秦汉时期,国家对盐业的管理进一步加强,汉武帝的"食盐专卖之制",使食盐专卖制度发展到历史的高峰,并为后世历朝历代继承与发展。据《汉书·地理志》记载,汉王朝在全国14个产盐省设置盐官37处,仅山东就有11处,约占全国的三分之一。可见,山东半岛在两汉时期及之前是全国盐业生产的中心,海盐是当时人们食盐的主要品种。秦汉时期将食盐运往全国各地的运输工具主要有"辇",还有六人共同推行的车子,也有利用牛、马、驴等牲畜驾驶的双辕车;所行道路首推秦修建的"驰道",其"东方道"进入山东后并入"海岱廊道"。秦驰道"东穷燕、齐,南极吴、楚,江湖之上,滨海之观毕至"[3]。以咸阳为中心出发的东方大道,由咸阳出函谷关,沿黄河经山东定陶,向东经兖州并入"海岱廊道",沿其北线可以到达临淄,向东沿黄海沿岸可以经琅琊、即墨、海阳、乳山到达山东半岛的最东端——成山头。这样,海岱地区的海盐就可以通过"海岱廊道"运往全国各地了。当然,如果从临淄去往渤海湾南岸的山东半岛北侧,那就要经过莱州、龙口、蓬莱,与成山头相连接,而渤海湾南岸也是古代海盐生产的重地,其海盐可以沿着小清河或者黄河口逆流而上,到达内地。所以,陆路、水运以及水陆联运为食盐的运输提供了方便。秦汉时期,以粮食为主的物资运输称为"转漕",其中就包括海盐等日常生活物品在内的转漕。直到清朝南方的盐业、内地的池盐、井盐、土盐等大发展之时,山东的海盐依然销往山东、安徽、河南三省,对"海岱廊道"的道路依赖十分明显。

(三)海岱地区是我国最早的冶铁发源地

1. 海岱地区是我国最早的冶金发源地之一

海岱地区是中国最早的冶金发源地之一。战国时期赵国史书《世本》有"蚩尤作五兵:剑、戈、矛、戟、夷矛"的记载,这是说东夷的祖先蚩尤发明制作出剑、戈、矛、戟、夷矛这五种金属兵器,因此,后人将蚩尤称为兵主、战神。传说在涿鹿之战中,蚩尤铜头铁额,刀枪不入,善用刀、斧、戈作战,勇猛无比,说明这一时期蚩尤领导的东夷族人已经掌握了冶炼铜器甚至铁器的技术。1974年,山东胶州三里河遗址出土了两件黄铜锥,出现于距今4500年~4000年的龙山文化时期。1981年以来,在山东栖霞杨家圈发现的1件残铜条和一些铜渣,也属于龙

---

① 燕生东. 渤海南岸地区商周时期的盐业[M]. 北京:文物出版社,2013:101-106,116.

② 燕生东,田永德,赵金,等. 渤海南岸地区发现的东周时期盐业遗存[J]. 中国国家博物馆馆刊,2011(9):68-91.

③ 司马迁. 史记:卷八十七[M]. 北京:中华书局,2006:521.

山文化时期;此外,山东长岛北长山店子遗址发现的 1 块圆铜片、日照王城安尧发现的铜炼渣、牟平照格庄发现的青铜锥等,都属于龙山文化时期,与蚩尤生活的时代大致相同,从而证实这一时期海岱地区的黄铜冶炼技术已经达到一定的水平,这比欧洲出现黄铜要早两三千年的时间。沿黄河下游逆流而上到中游和上游的河南、山西、甘肃等地,沿途也发现一些龙山文化时期的青铜器及其冶炼容器的残片等,如河南登封王城岗遗址发现的一件铜容器(可能是铜鬶)残片、淮阳平粮台龙山时期城址中发现的一块铜渣、山西襄汾陶寺遗址出的一枚土铃形铜器、甘肃马家窑文化遗址中发现的一把残青铜刀、武威皇娘娘台出土的 30 件铜器等,都说明黄河流域在龙山文化时期已经出现对青(黄)铜器的探索和小规模冶炼的实践,当然,这一时期还没有形成以青铜器为核心的礼制系统和工具系统。

　　海岱地区在夏、商时期基本上还保持着文化上的相对独立性,其文化形态属于岳石文化[①]和珍珠门文化[②]系列,直到进入西周后,海岱地区才彻底被纳入王朝的领域与教化。按照考古学界的认定,后龙山时代由于气候、洪水、战争或制陶业变化等原因,海岱地区在文化上发生"断裂",即岳石文化与同时代中原的二里头文化相比衰落了,这个可以从海岱廊道考古出土的陶瓷等文物明显受到二里头文化的影响中得出结论。但是,海岱地区的岳石文化向东从海上经"海上丝绸之路"北航线登陆辽东半岛,对辽东半岛及辽中地区的文化产生深远影响。从岳石文化到珍珠门文化,海岱地区的冶炼技术一直在不断提高与发展,如海岱地区南侧的滕州前掌大遗址出土的一批带有"史"字铭文的青铜器,证实了周代薛国为商代史族所分化的观点。其中一件有铭铜盉,证明了商代薛国曾对夷方作战,并俘获了夷方首领,这为商末征东夷战事增加了重要的文字史料。此外,带有"史"字铭文的青铜器在邹城西丁村等地也有出土,说明,夏商时期海岱廊道南北两侧的青铜器冶炼技术已经趋于成熟。考古发掘出的两周时期的大量青铜器更是遍布整个海岱地区,不仅证明了海岱地区青铜冶炼水平的不断提升和发展,更是为山东古国史研究增添了新的史料。[③]

　　春秋时代齐国最早拥有铸铁技术并率先使用铁器的观点已在考古界成为定论。《国语·齐语》记载了管仲向齐桓公提出以甲兵赎罪的建议,该建议施行后,不仅获得一定的兵源,还得到大批铜和铁,再加上官府冶炼的铜和铁,齐国

---

① 岳石文化,是继山东龙山文化之后分布于海岱地区的一支考古学文化,因最早发现于山东省平度市东岳石村而得名。绝对年代为前 1900 年—前 1600 年。文化时代大致与中原地区的二里头文化相当。岳石文化与龙山文化分布范围大致相同,属于城邦国家发展时期。

② 珍珠门遗址位于山东省烟台市长岛县北长山岛九丈崖公园,为商周时期遗址。

③ 方辉. 海岱地区夏商周考古的新收获[J]. 山东大学学报(哲学社会科学版),2006(5):41-46.

便开始大规模地铸造和使用铜铁器。当时称青铜为"美金",称铁为"恶金"。据《管子·海王》记载,齐国的铁器使用很普遍,铁器成为百姓做工务农的必备工具。铁官数曰:"一女必有一针一刀,若其事立。耕者必有一耒一耜一铫,若其事立。不尔而成事者,天下无有。"很明显,这是说齐国女子进行纺织必须要有铁制的一根针、一把刀,耕田种地者也必须要有铁铸的一把犁、一个铧和一把锄。如不具备这些铁制工具,就不能够做工务农,天下也就无法建立。可见铁制工具在齐国的生产生活中已经开始普遍使用并大大提高了生产效率。据《管子》记载,早在春秋管桓时期,齐国"断山木,鼓山铁"就成为重要的手工业部门。齐地铁矿资源丰富,《管子·地数篇》记载:齐地"出铁之山三千六百九山"。在对齐故城的考古勘探中,已经发现六处冶铁遗址,其中两处面积高达 40 万平方米,令人震惊。所以,冶铁业的发达是促使齐国成为春秋第一霸主、战国七雄之一的重要原因之一。郭沫若先生曾说:"齐桓公之所以能够划时代地成为五霸之首,在诸侯中特出一头地,在这儿可以找得出它的物质根据。煮海为盐积累了资金,铸铁为耕具提高了农业生产。所以桓公称霸并不是仅仅只是出了一位特出的政治家管仲,而是由于这位特出的政治家找到了使国富强的基本要素。"可见,正是因为齐国较早地发明了冶铁术,铁制工具广泛应用于农业和手工业,才有可能使齐地由多盐舄荒芜之地变成膏腴之田。

2. 铁官的设置为铁器的全国运输提供制度条件

秦汉之时,在全国各地设置铁官,管理全国的制铁业,并像食盐一样实行专卖制度。考古出土的"齐铁官印""齐铁官长""齐铁官丞"和"临淄铁丞"等封泥,是西汉初期各诸侯王自设铁官经营冶铁业的物证。汉武帝时全国设铁官 49处,东起山东、江苏,西到甘肃,东北到辽宁,西南到四川、云南之间,但大部分分布在北方的齐、秦、燕、赵、魏、韩六国范围内,其中在山东省境内的就有 12 处,约占全国的 1/4。另外,江苏有 7 处,河南有 6 处,陕西有 5 处,山西有 5 处,河北有 4 处,四川有 3 处,安徽有 1 处,甘肃有 1 处,北京有 1 处,辽宁有 1 处。可见,河北(包括北京)、山东、江苏一线是冶铁核心区,共有 24 处,约占总数的一半。其次,中原腹地的河南、山西、陕西共 16 处,约占 1/3,其他地区只占 12%。铁官的这样布局,正如司马迁在《史记·货殖列传》中所言:"铜、铁则千里往往山出棋置。"这说明铜铁的冶炼主要与自然资源相关。但是,山东铁官众多不但与其自然资源丰富有关,也与山东经济的发展水平和冶炼技术水平相关。秦汉时期的铁器虽然实行严格的专卖制度,并按照不同用途大致分为生产工具、兵器武备、车马机具、日用器具、钱币与度量衡器、杂用器具等六类。但是,边远落后地区依然需要山东量大质优的铁器及冶炼技术,所以,"中原系统"的铁器及其冶炼技术向边缘地区输送是秦汉时期铁器发展的一个重要内容,也是统治者进行管理的重要手段。

《史记》卷三十《平准书》曰:"(元封元年)(桑)弘羊以诸官各自市、相与争,物故腾跃,而天下赋输或不偿其僦费,乃请置大农部丞数十人,分部主郡国,各往往县置均输盐铁官,令远方各以其物贵时商贾所转贩者为赋,而相灌输。置平准于京师,都受天下委输。召工官治车诸器,皆仰给大农。大农之诸官尽笼天下之货物,贵即卖之,贱则买之⋯⋯天子以为然,许之。"很明显,这是将盐铁等物资的控制权收归大农(秦汉时全国财政经济的主管官),由大农在铁器价格剧烈波动时对市场进行调控、管理,以稳定经济。由大农这个国家机构进行的全国性的计划调控类似于现今国家的宏观调控,可以打击囤积居奇、平抑物价,又可以低买高卖,提高朝廷收入,稳定社会局面,实现政府和百姓的双赢。"于是,天子北至朔方,东到太山,巡海上,并北边以归。所过赏赐,用帛余万匹,钱金以巨万计,皆取足大农。"①所以,天子四处巡视赏赐之物,万匹锦帛、万贯金钱等,都是从大农出。这些锦帛和金钱都要从全国各地运往大农或者从当地抽调,山东作为丝绸生产大户和铁生产大户,自然首当其冲要将这些物资通过"海岱廊道"运往长安,或者直接被天子赏赐出去运往边关。

(四)山东的丰富物产掀起了春秋战国时期的商业大潮,形成东方第一大都城——临淄

1. 山东是漆器的发源地之一,也是漆器生产大省

齐鲁大地物产丰富,盛产丝绸、盐铁、粮食、漆器等对国民经济、民生、军事起重要作用的产品。除了前面所说的粮食、丝绸、铜铁等,山东的食盐和漆器的产量和质量也很高。漆器工艺于新石器时代产生,经夏、商、西周到春秋战国,漆器工艺逐渐成熟,漆器品种也不断丰富,到秦汉时期漆器的制作技术达到新的高峰。我国出土的漆器主要分布在山东、陕西、山西、河南、湖北、江苏、安徽、浙江等省。如1971年山东临淄东周殉人墓出土的精美漆器,有雕花彩绘条形器、朱地黑彩羊形器、施黄红绿三彩的镇墓兽、黑地红彩漆豆等,这些漆器的图案基本完整,风格独特,构图规矩严谨,讲究对称,是春秋时期齐国所产的精品。近年来,山东"海岱考古"品牌入选"全国十大考古新发现"的24项考古发现中,所有的汉代墓葬均出土了大量精美的漆器,如长清西汉济北王陵、章丘洛庄汉墓陪葬坑和祭祀坑遗址、日照海曲汉代墓地、黄岛土山屯汉墓等。这些墓葬中出土的漆器器型丰富多样,如漆器盘、漆器盒、漆器椅、漆器匣等,表面装饰多为

---

① 司马迁. 史记:第12册[M]. 北京:中国文史出版社,2021:240-308.

金银嵌饰、彩画、浮雕等,色彩如同刚刚做出的一样艳丽,说明秦汉之时山东海岱地区的漆器在技术和工艺上已经十分成熟。

山东作为丝绸之路的起点之一,也有大量漆器、丝绸、盐铁等物资流入草原,并顺着丝绸之路去往西方。

2.山东是著名的海盐发源地和生产地

山东是最早生产海盐的地区之一,有众多著名的盐场。从姜太公重鱼盐之利到管仲开鱼盐之市,从允许民间互市到形成初具规模的商业市场,直到出现了范蠡、子贡(孔子的弟子)等为代表的我国最早的一批大商人,标志着商人已经成为社会上一种专门的职业。这些商人在各个城市之间甚至各诸侯国之间进行丝绸、粮食、布匹、盐、铁器、漆器等物资的贩运买卖,极大促进了经济的发展和社会的繁荣,在海岱廊道南北形成一个个大大小小的城镇。其中最著名的城市——临淄,是当时东方的第一大都市。战国时纵横家苏秦曾描述宣王时临淄城的繁盛景象:"临菑之中七万户,臣窃度之,不下户三男子,三七二十一万,不待发于远县,而临菑之卒固已二十一万矣。临菑甚富而实,其民无不吹竽鼓瑟,弹琴击筑,斗鸡走狗,六博蹹鞠者。临菑之途,车毂击,人肩摩,连衽成帷,举袂成幕,挥汗成雨,家殷人足,志高气扬。"这说明齐国的都城临淄人口众多、市场繁荣,人民安居乐业,这里不仅是商贸之都、交通枢纽,还是音乐之都、足球之都、斗鸡之都。两汉时期的三服官和盐铁官都设置在这里,山东的丝绸、盐铁和粮食等也都在这里聚集,然后沿"海岱廊道"运往长安。

三、"海岱廊道"是不同地域文化的交流之路

海岱地区从春秋战国时期就已经形成了以齐国为代表的海洋文化和以鲁国为代表的大陆农耕文化,合称"齐鲁文化"。东临滨海的齐国主要奉行以姜太公为代表的道家思想学说,同时还采取"因其俗、简其礼"的施政方略,积极吸收当地土著文化(东夷文化)并大力废除阻碍社会经济发展的旧规陋习,最终形成了海洋文化色彩浓重的工商业氛围以及以崇功利、轻伦理、开放、包容等为特点的齐文化,也称海文化、海洋文化、商文化。而位于海岱地区西南部的鲁国,其往西往南有大片的黄河冲积平原和一部分淮河平原,由于周公之子伯禽"变其俗,革其礼",推行重农抑商的周礼文化来取代当地土著文化(东夷文化),从而形成了以孔子为代表的儒家思想学说和以尊重传统、重伦理、慎变通、文化风气相对保守等为特色的鲁文化,或称大陆文化、农耕文化、黄河文化。在秦统一六国之前,位于"海岱地区"的齐、鲁两个主要诸侯国分别代表着"海"和"岱"两个区域,各自产生了海洋文化和农耕文化两种不同特色的文化,使齐国和鲁国的

政治、经济、文化朝着不同的方向发展。以齐国为代表的海洋文化代表了当时中国海洋文明的最高水平,在物质层面,有对海洋资源的利用、海洋航线的探索等,在精神层面,有海洋信仰、海洋国家管理与经营等内容。而以鲁国为代表的大陆农耕文化,则创造了尊农重农的民族意识和以孔子为代表的礼仪忠恕、厚德仁民的儒家思想。秦始皇统一六国,打破了各诸侯国之间的种种交往壁垒。统一文字和度量衡,特别是"车同轨"和修建"九大驰道"①,为地域性文化进行全国性的融合奠定了基础。秦九大驰道中的"东方道",将"海岱廊道"与中原及丝绸之路相连接,是齐鲁文化进入统治中心中原的契机;而汉武帝时期的"罢黜百家,独尊儒术"则是将齐鲁文化上升为中华民族的核心文化的主要途径。所以,"海岱廊道"是齐鲁文化不断走向全国的直接连接线。

(一)"海岱廊道"连接"丝绸之路"使齐鲁文化从地域性文化上升为中华核心文化

随着秦始皇统一六国,其通往全国各地的"驰道"将以往的诸侯国紧密连接成一个统一的帝国。由于秦朝存续的时间较短,所以规划中的九大驰道并没有全部修建完成,只有其中的"直道""东方道"和"滨海道"三条驰道基本修建完成了。"直道"是秦国为加强对匈奴的防御而修筑的最早的"国道",它从咸阳出发直达九原(九原郡,郡治在今包头市西),全长 700 余千米。此外,还陆续修建了以咸阳为中心向东直通燕、齐地区的"东方道"和向南直达吴、楚地区的"滨海道"。"东方道"进入山东后,并入"海岱廊道",成为秦始皇东巡的主要交通干道。其实,齐国作为春秋五霸之首、战国七雄之一,本身也十分重视道路的修建和管理。如管仲为了做大临淄市场,引进各诸侯国的来客,要求在国内修建"大路",每 30 里设置一个驿站,贮备食品,设官管理,派专人专车负载客商,并按照一定的规格接待不同级别的来客。如《管子·轻重乙》记载:"请以令为诸侯之商贾立客舍,一乘者有食,有三乘者有刍菽,五乘者有伍养,天下之商贾归齐若流水。"所以,修建道路并提供相应的配套服务是齐国进行贸易的先行条件,与今天的"要想富,先修路"是一个道理。

秦始皇统一六国之后,为控制辽阔的国土,特别是六国旧地,便于政令军情的传达和商旅车货往来,摧毁平整所有战国时期各国在边境上修筑的关塞、堡垒和障碍物,修建以咸阳为中心通往全国的九条"驰道",并"车同轨"。秦始皇修建的"驰道"比六国时期的"官道""大道"更加严格,对驰道有统一的质量标

---

① 驰道是秦朝开始修建的中国历史上最早的"国道"。秦始皇统一六国后第二年(前 220 年),下令修筑以咸阳为中心的、通往全国各地的驰道。

准:"驰道""路面幅宽为 50 步,约合 70 米;路基要高出两侧地面,以利排水,并要用铁锤把路面夯实;每隔三丈种一株青松,以为行道树;除路中央三丈为皇帝专用外,两边还开辟了人行旁道;每隔 10 里建一亭,作为区段的治安管理所、行人招呼站和邮传交接处"[①]。车轨宽 6 尺,中间为皇帝的专用御道,有明显标志,一般人不得行走。[②] 用今天的眼光看,秦朝驰道的整体设计与路线勘察是较为科学严谨的,加之施工严格,宽阔平坦,在上面行驶速度很快。汉代有人记录,在驰道上驾车半日可以飞驰 200 里以上。直到六七百年后的魏晋南北朝后期,这些驰道中的大部分仍可以继续通行。秦始皇十分重视"东方道"的修建,究其原因,恐怕与齐鲁两地经济的富庶、文化的先进、位置的重要、政治军事上的重要等分不开。秦始皇登基后五次巡视全国,其中三次来到胶东,三登琅琊,除了有一次是从吴越之地顺海岸线北上来琅琊外,其他两次巡视往返胶东都是沿"东方道"进入山东,然后沿"海岱廊道"进行巡视的。可以说,"海岱廊道"在秦帝国时期成为国家重点战略"国道",不仅促进了山东半岛与中原地区之间的物资、军事、经济、文化等方面的交流,更是将齐鲁文化这种地域性文化带入中原、走向全国,使之逐步成为中华民族的核心文化的重要内容。

比如,秦始皇十分笃信齐国稷下学宫邹衍提出的大九州学说、"五德终始说"以及流传于胶东半岛的海外仙山传说。前二者对于秦始皇的大一统思想起到重要的理论支撑作用,后者则直接促成了秦始皇派徐福率 3000 童男童女东渡大海寻找长生不老之药的行为。同时,这些理论还影响着后世的历代皇帝,就是在老百姓中也广泛流传。史载,汉武帝曾多次"遣方士入海求蓬莱安琪生之属",他一生中也至少七巡胶东,每次都巡海航行,甚至亲自乘船入海,希望能到达"三仙山"遇到仙人,获取长生不老之药。秦皇汉武的这种寻仙活动,一方面,说明了长久流传于胶东半岛的海上有"三仙山"的民间信仰和习俗迎合了统治阶级对现世生活的认可和对来世美好生活的追求,从而被统治者采纳;另一方面,统治阶级对求仙拜神的追求,反过来又进一步促进了这种地域性的文化现象走向全国。

西汉初年,董仲舒在著名的《举贤良对策》中系统地提出了"天人感应""大一统"学说和"诸不在六艺之科、孔子之术者,皆绝其道,勿使并进"。董仲舒首推孔子学说,倡导"罢黜百家,独尊儒术"的主张,并为汉武帝所采纳,使得地域性的鲁文化通过强制性的行政手段加以强化、推向全国,使儒家思想成为中国社会正统思想。这种以儒家宗法思想为中心,杂以阴阳五行说、大一统说等,把

① 王崇焕. 中国古代交通[M]. 北京:商务印书馆,1996:17-18.
② 《汉书·贾邹枚路传》曰:"道广五十步,三丈而树,厚筑其外,隐以金椎,树以青松。"

神权、君权、父权、夫权贯穿在一起的思想体系,逐渐成为中华文化的主流;而齐文化所代表的"海洋文化"的地位逐渐降低,成为胶东半岛的区域性文化。齐鲁文化通过"海上丝绸之路"北航线传播到东北亚和东南亚,使得"亚洲儒家文化圈"有着明显的齐鲁文化特色。

(二)儒释道各种文化通过"海岱廊道"糅合在一起,形成山东特有的"海纳百川"与"礼仪之邦"文化

1.海岱历史文化区产生了齐鲁文化

上古时期的海岱地区,从泰沂山脉向东延伸到海洋,形成东夷文化的地域主轴。东夷文化的影响范围东起黄渤海海滨、西至豫东、北至辽东、南抵江淮,"海岱惟青州"的山东地区是其主要发源地和聚集地。所以,从地理环境看,齐鲁文化有着相同的地理文化基础。从文化来源看,东夷文化与周文化是齐鲁文化的两大重要来源。西周初年,周武王封姜太公于营丘,"太公至国,修政,因其俗,简其礼,通商工之业,便鱼盐之利,而人民多归齐,齐为大国"。"因其俗"是指顺应当地的东夷文化和东夷风俗,"简其礼"是将商周时期阻碍工商业发展的繁缛礼制简化,以适应新兴地主阶级特别是商业地主,对大力发展生产力的宽松环境的需要。因地制宜(因海制宜)、礼贤下士、积极发展工商业,最终建设成一个经济富裕、政治清明、军事强大的齐国。所以,齐国吸收了道家遵循自然法则的"道法自然"思想,又吸收了当地土著文化——东夷文化中敢于进取、开放多元的海洋文化精神,并加以发展,最终形成了道法自然、因俗简礼、见素抱朴、海纳百川的齐文化。这从我国历史上第一所官办高等学府——稷下学宫的建立和发展中就可以看到其特色。

鲁国则是西周初年周公的长子伯禽代其父在其封地奄国(今曲阜东)建立的,因其是姬姓"宗邦",初封时鲁国不仅受赐丰厚,而且还得到了不少特权[①]。伯禽在治国方面"变其俗,革其礼",变革当地的商文化和东夷文化中的风俗礼制,完全依照周朝的制度、习俗治理鲁国,极力推行周朝礼乐,传播宗周文化,同时还代表周王室担负着镇抚周边部族的重任。在伯禽的治理下,鲁国逐渐成为宗周模式的东方据点,在春秋时期一度出现与齐国争锋的局面。鲁国国力最强时,其疆域北至泰山、南达徐淮、东至黄海、西抵定陶一带,其统治核心区主要位于今山东省济宁市境内,亦包括泰安南部宁阳,菏泽东部单县、郓城,临沂平邑等市县。到孔丘时期,鲁国已经形成根深蒂固的礼乐传统,虽然其他诸侯邦国"礼坏乐崩",但世人皆称"周礼尽在鲁矣"。这为重"仁义""礼乐"的儒家文化提

---

① 《礼记·明堂位》记载:"凡四代之器、服、官,鲁兼用之。是故,鲁,王礼也,天下传之久矣。"

供了生长沃土。所以,有着广袤肥沃土地①的内陆邦国鲁国,形成了重农轻商、重礼慎变的鲁文化或儒文化(也称农耕文化、大陆文化)。

齐文化、鲁文化在秦汉之前都是地方性特色比较明显的区域性邦国文化,同属海岱文化区,被传统海岱文化所熏陶,受黄河文化和淮河文化所滋养,或因经济繁荣而名盛,或因政治强势而显赫。因齐、鲁两国相邻,经济文化上有很大的互补性,又可以通过"海岱廊道"这一天然大通道进行交流互动,因此两种文化在保持自身鲜明特征的同时也具有一定的融合性。

齐桓公在临淄设立稷下学宫,它被称为世界上最早的官办高等学府,中国最早的社会科学院、政府智库。中国学术思想史上著名的"百家争鸣"就是以齐国稷下学宫为中心。临淄坐落在山东"海岱廊道"北侧,地势南高北低、西高东低,淄河自南而北贯穿其境内东部,它的东部和南部连接青州市,西连桓台县,北靠博兴县、广饶县,交通十分便利。稷下学宫确立了以黄老之学为主体的学术思想,容纳了当时"诸子百家"中几乎所有的学派,有道、儒、法、名、兵、农、阴阳、轻重等诸家。稷下学宫汇集了天下众多贤士,成为百家学术争鸣的中心园地,极大地促进了齐鲁文化的融合,传播了文化知识,培养了大批人才,为秦始皇统一中国后,齐鲁文化走向全国打下坚实的文化基础和人才基础。

2. 佛教将丝绸之路与"海岱廊道"串联起来

西汉初年,佛教开始传入我国。"我国人知有佛教,远在汉初;但就历史上显著之事实言,遂相传后汉明帝时,始入中国耳。明帝永平十年(67年),佛教入中国,事祥《汉法本内传》。"②这是说佛教在西汉初年就已经被国人知悉,但以67年汉明帝夜梦金人为佛教传入中国的具体时间。汉初,印度和西域僧人从陆路传入我国的主要是小乘佛教,即认定信佛必须出家修行、以追求自我完善与自我解脱为主要宗旨。所以,佛教主要流行于不需要从事劳动的统治者上层,没有普及到广大底层劳动百姓。佛教依附于黄老道学和上层贵族起到了示范作用,佛教开始在汉地逐渐流行起来,特别是在黄老之学盛行的齐鲁之地,佛教更容易被人们接受。两晋时期,海岱地区的广大百姓已经普遍接受佛教并开始笃信佛教。如第一个走出古代"一带一路"的东晋高僧法显,399年从西安出发西去印度取经,经过14年的艰难困苦,于412年从斯里兰卡泛海东归,在青岛

---

① 《尚书·禹贡》记载:"济河惟兖州,九河既道,雷夏既泽,雍沮合同。桑土既蚕,是降丘宅土,厥土黑坟,厥草惟繇,厥木惟乔,厥田中下,厥赋贞。作十有三载乃同,厥贡漆丝,厥篚织文,浮于济、漯,达于河。"说明鲁国一带有着广袤肥沃的土地,属经济发达地区;同时,鲁国"得殷民六族",说明这里还曾是殷民的大本营,与殷民同居,文化水准亦较高。

② 蒋维乔. 中国佛教史[M]. 北京:中国书籍出版社,2016:3.

崂山登陆。法显在他的自传《佛国记》中记载:他们上岸后遇到两名猎人,法显问:"汝是何人?"答言:"我是佛弟子。"又问:"汝入山何所求?"其便诡言:"明当七月十五日,欲取桃腊佛。"了解佛教的人都知道,七月十五日是佛教盂兰盆节,是佛教徒为追悼祖先而举行的节日,而崂山这两名猎人进山寻找桃腊佛就是为了第二天的盂兰盆节。这说明佛教已经中国化并深深影响着普通百姓,也说明佛教能在儒道学说盛行的海岱地区扎根,一定与本地的儒道学说有了相当程度的融合。《佛国记》还记载了当地太守李嶷敬信佛法,当他"得知沙门持经像乘船泛海而至,即将人从至海边,迎接经像,归至郡治"。还有青州刺史刘道怜得知法显到达崂山之后,也热情地请法显去青州度过一冬一夏。这些记载都说明佛教在海岱地区已经普遍流行,且已深入人心。而法显受邀从崂山到青州就是走的"海岱廊道"。法显从印度带回了十几部梵文经典和戒律,其中译出的《大般泥洹经》等重要经典,带来了佛教界的改革,促使小乘佛教加速向大乘佛教转变,奠定了中国大乘佛教以"一切众生皆有佛性"为主流趋势,加速了外来佛教与中国本土文化的融合。

佛教在海岱地区扎根之后继续东渐,沿"海上丝绸之路"传入朝鲜。372年,前秦苻坚派遣僧侣顺道等人携佛像与经书赠予高句丽,两年后又有阿道去朝鲜。375年,高句丽朝廷为阿道建伊弗兰寺,标志佛教传入朝鲜。6世纪中叶,百济的圣明王将金铜释迦牟尼佛像和经论、幡盖等赠予日本,被认为是中国佛教传入日本的开始。直到圣德太子下诏兴隆佛法、创建寺院,亲自宣讲佛经及著疏,遣使入唐,并将佛教封为国教,佛教才真正在日本扎下根来。在圣德太子的推动下,断交了一个多世纪的日本首次向中国派遣使者,开启了日本与隋唐文化的交流。从6世纪末到9世纪末近3个世纪里,日本派遣了20余批次的遣隋使和遣唐使,来学习中国的佛教和其他先进文化。佛教在日本的传播是"海岱廊道"连接"海上丝绸之路"的高光时刻,也是中华文明向外传播的历史见证。

总之,儒释道多种文化通过"海岱廊道"相互碰撞、相互糅合一起,最终形成了山东特有的"海纳百川"与"礼仪之邦"齐鲁文化。

第五章 走向近代的"海岱廊道"

"海岱廊道"作为海岱历史文化区与外界进行交往的重要交通、物流和文化交流大通道,到秦始皇统一六国时并入全国,两汉时期与"天山廊道"一起共同连接起东西陆、海"丝绸之路",经过三国两晋南北朝时期的分裂割据,到隋唐两宋时期发展到高潮。元明时期,"海岱廊道"继续起着连接陆海"丝绸之路"的桥梁和纽带作用。只是,随着明末清初世界大航海时代的到来,"海上丝绸之路"重心南迁,北航线相对寂寥,"海岱廊道"的发展也随之式微。时间来到近代,资本主义国家的工业革命陆续完成,为18—19世纪欧洲列强的全球殖民奠定了坚实基础。鸦片战争之后,晚清政府不得不在欧洲列强的坚船利炮下打开国门,签订了一系列不平等条约,中国社会性质发生了根本性的变化,沦为半殖民地半封建社会。19世纪末20世纪初,世界资本主义进入帝国主义阶段,资本主义列强逐渐由以前的商品输出为主转变为以资本输出为主,出现了瓜分世界的狂潮。各帝国主义列强侵略瓜分中国亦进入领土兼并和资本输入阶段。1897年(光绪二十三年)11月13日,德国借口"巨野教案"出兵胶州湾,以武力占领胶澳商埠(即青岛);次年3月6日,德国强迫清政府签订《胶澳租借条约》。1899年胶济铁路开始沿"海岱廊道"进行修建,山东百姓奋起反抗,"海岱廊道"上空掀起了反对帝国主义的血雨腥风。同一时期的陆上丝绸之路——河西走廊、天山廊道南北,因英、德、俄、日、法等列强派出众多探险队探险丝路遗址,盗掘我国大量丝路文物,东方学、敦煌学等随之兴起,使丝绸之路再次热闹起来。

一、"海岱廊道"与胶济铁路

(一)李希霍芬与山东

谈到近代山东的开发与青岛的兴起,不得不提到一个人,即最早提出丝绸之路的德国地理学家、地质学家费迪南德·冯·李希霍芬(Ferdinand von Richthofen,1833—1905)。李希霍芬曾在1868年—1872年到过中国七次,对中国进行地质和地理考察,走遍了大半个中国(14个省区)。从1869年3月开始,李希霍芬相继用了半年时间,主要考察山东临沂、泰安、济南、博山、潍坊、芝罘、青岛等地。1877年,他曾专门提交报告《山东地理环境和矿产资源》,文中强调了青岛优越的地理位置,鼓吹胶州湾良港之说,并向德国议会提议,夺取胶州湾及其周边铁路的修筑权,修建一条从青岛横穿山东、到省府济南的铁路,便于将华北的棉花、铁和煤等产品输运到德国。这样,不仅可以将山东纳入其势力范围,而且还能控制广大的中国腹地。德国和其他西方国家对李希霍芬的报告评价甚高,德皇威廉一世还对李希霍芬进行了嘉奖。德国学者施德科尔也称:李希霍芬——他对于自然社会的重大贡献是绝对无可争论的——是一个自觉的、有目的的代表外国资本、并且特别是代表德国在华资本利益的人,他将他的调查按照这个明确的目的去进行,使得外国资本容易侵入中国。后来德国海军司令提尔皮茨在报请威廉一世批准的对华军事计划中,多次引用李希霍芬的考察结论进行说明。1897 年,德国借口其传教士在巨野被杀(也称"巨野教案")一事,出兵占领胶州湾,强迫清政府签订了中德《胶澳租界条约》,把山东划为其势力范围,对青岛进行殖民统治。

关于李希霍芬的调查报告对中国国家利益的影响,鲁迅曾撰文《中国地质略论》认为,李希霍芬的国土资源调查"实涵有无量刚劲善战之军队。盖自利氏游历以来,胶州早非我有矣"。鲁迅已经清楚地认识到自李希霍芬对山东胶州(青岛)进行详尽调查之后,已不再属于中国了,这在很大程度上惊醒了部分沉睡中的中国人,使之认识到国土资源保护的迫切性和重要性。尽管中国近代地质学创始人翁文灏把李希霍芬称为"最先明了中国地文之伟大科学家",但李希霍芬占领青岛所在的胶州湾的提议却使青岛人民陷入万劫不复、近半个世纪的殖民统治里,更不用说他对山东和中国人民犯下的罪行了。所以,从"丝绸之路"最初的提出者这个角度看,李希霍芬与青岛和"海上丝绸之路"的关系沾满了山东人民的血泪和屈辱,是为德国帝国主义侵占山东建言献策的罪人。

(二)胶澳租界条约

1897 年德国借巨野教案出兵占领胶州湾之后,迫使清政府于 1898 年 3 月签订了中德《胶澳租界条约》,包括胶澳租界、铁路矿务及山东全省办事之法三端,共 10 款。主要内容有:①胶州湾及湾内各岛租与德国,为期 99 年。租期内胶州湾归德国管辖,德国得以制定章程约束他国(包括中国)之来往船只。②胶州湾沿岸潮平 100 里内,划为中立地区,德国官兵有权自由通行,清政府在该区域内"派驻兵营、筹办兵法",须先与德国会商办理。如德国须整顿水道等事,中国不得阻拦。③中国允许德国在山东筑铁路两条,一条由胶澳经潍县、青州、博山、淄川、邹平等处通往济南,一条由胶澳往沂州经莱芜县至济南。德国并有权开采铁路沿线 30 里内的矿产。④山东省内任何工程须用外国人员、资本、器材时,应首先与德国商办。

从中德《胶澳租界条约》中,我们不难发现,仅仅是德国人要求修建一条胶济铁路,就可以使大半个山东省变成德国的势力范围。德国人通过修建胶济铁路,从而获得对铁路的所有权。胶济铁路全长 384 千米,从青岛出发,横贯整个"海岱廊道"北侧,串联起山东东部和中部几乎所有富饶和发达的地区。铁路两侧 30 华里内的所有土地和山脉,其矿山开采权都属于德国人,这相当于把 1.15 万平方千米面积的全部权益拱手相让。德国人用极其血腥的暴力手段和低廉价格收购修建铁路的土地,这也引发了山东高密等地人民的暴动。《张海鹏史学文论精选集第二卷》中记载:德国人"所至之地,尽将村落民家坏拆,遇坟墓建物即毁掘,不惟不迁路避之,且毁坟拆舍亦一文不与""其土民田庐皆归乌有,无以饮食,无以栖止,父子夫妇兄弟流离道路,相转死亡于沟壑不知几人矣。"这是帝国主义瓜分中国的狂潮中,通过向中国提供铁路贷款和转让技术索取路权,然后以铁路为基础建立势力范围的典型案例,写满了中国人民的血泪史。所以,中德《胶澳租界条约》的签订,标志着德国人对青岛也是对山东进行殖民统治和掠夺的开始。

二、胶济铁路的修建

1899 年 6 月 1 日,德国政府发布命令,特许德国亚细亚银行负责建设由青岛经潍县(今潍坊)至济南(包括博山支线)之间的铁路并拥有其经营权。1904 年 6 月 1 日,胶济铁路全线竣工通车,同时竣工通车的还有博山支线(运煤线)。此时,胶济铁路干线全长 395.2 千米,支线长 45.7 千米,是横贯山东中东部的运输大动脉。胶济铁路的修建完全是沿着"海岱廊道"的北线进行的,沿途经过人口密集的城镇和村庄,从青岛开始沿途依次经过潍坊、淄博,最终到达济南。山东铁路公司沿线共设车站 60 座,其中干线车站 56 个,包括 9 个大站、47 个中小车站和停车点。各站之间的平均距离为 7.2 千米。支线上有 4 个中小车站和停车点,各站之间的平均距离为 9.8 千米。可以说,胶济铁路在很大程度上取代了以前以人力、畜力为主要运力的"马路"——"海岱廊道",以运量大、机械动力足、速度快为特点成为山东海岱地区经济的运输大动脉,特别是胶济铁路的一系列支线对沿途博山煤矿、坊子煤矿、金岭镇铁矿的掠夺,成为殖民者插在山东人民身上的吸血管,它寄托了德国大肆掠夺山东和中国的野心,也洒满了中国人民的汗水与鲜血,客观上改变了山东的经济、交通和民众的生活方式乃至山东人民的命运。胶济铁路建成后,沿线旧有的交通线路和站点被废弃,造成了"海岱廊道"沿途劳动群众,如水手、船夫、纤夫、店员、脚夫、驿站夫等的大批失业。据袁昶《乱中日记残稿》记载,"顺(天府)属州县中穷民,失车船店脚之利,而受铁路之害者,约四万余人"。这些生活陷入困苦的失业百姓后来大多参加了义和团运动,并因义和团运动的失败要么丧命要么流离失所,整个海岱地区陷入混乱动荡之中。

在胶济铁路的修建过程中,需要经过一些家族古墓群,这些古墓群除了有大量明清墓葬外,还有一些是更早时期的墓葬,甚至发现有汉朝古墓群。按照中国科学院王斌的观点,胶济铁路修建中引起农民和德国人冲突的主要原因有两类:"一是文化因素,主要指'风水'和'坟墓文化';二是利益因素,主要涉及土地产权和农田排水。"①特别是筑路初期,德国人在高密姚哥庄等地进行线路勘察的过程中毁坏了大量坟墓和庙宇,引起当地村民的反抗,发生了数次中小规模的冲突。1899年6月18日高密大吕庄侮辱村妇案引发了村民的"拔杆"行动和聚围德设山东铁路公司的行为,这一行为直接引爆了长期以来德设山东铁路公司与高密人民之间的矛盾,农民的反抗引来德军洗劫村庄和高密县城,并残忍杀害20多名村民,又引发更大规模的农民暴动。后来,德国设立的山东铁路公司不得不与清政府签订《胶济铁路章程》,专门规定铁路应绕避坟墓,如若必须经过则要异地修盖和迁坟、赔偿等。虽然我们现在没有当时胶济铁路修建过程中有关迁坟或赔偿的具体数字,但是,很明显其补偿价格十分低廉。据《胶澳志》记载,整个胶济铁路工程造价为5290.1万马克,平均每千米为11.99万马克,但是其中大部分用于购买德国器材和机车,征用土地所用资金仅占总投资的4%,近似于无偿。为降低修路成本,他们对参与筑路的中国农民极为苛刻,不仅工作环境差,传染病流行,造成大量中国农民丧生,而且大量家族墓群和一些古墓群被破坏或遭哄抢,给山东海岱地区的古迹和文物造成极大的破坏。所以,德国人修建胶济铁路不仅是对山东人民的奴役、剥削和掠夺,也是对山东人民的历史文化、古迹、文物的破坏和霸占。

胶济铁路的修建完全是沿"海岱廊道"北线进行的,这条狭长的廊道是海岱历史文化区城镇最集中、人口最密集、经济最繁荣、资源最丰富的区域,山东人民祖祖辈辈在这里生产和生活,世世代代在这里繁衍生息,他们的祖先长眠于此,保佑着自己的子孙,他们的土地固定在这里,给他们提供生活的保障。所以,德国设立的山东铁路公司在胶济线上经常遇到迁坟和征地补偿事件就很正常了,而且胶济线上平均每7.2千米就设立一个车站或停车点,也说明了历史上"海岱廊道"曾经的繁华和昌盛。

---

① 王斌. 从胶济铁路的修建看近代对华技术转移中的冲突与适应[J]. 工程研究—跨学科视野中的工程,2013,5(3):318-326.

三、胶济线连通全国和世界

一条胶济铁路,不仅将传统的"海岱廊道"用现代化的铁路连接起来,重新焕发其活力,而且还连接上津浦线等铁路,使山东的铁路并入全国铁路网,进一步将山东与华北及长江流域的部分地区以及海外市场联系起来,从根本上改变了山东的社会经济格局。特别是胶济铁路是与青岛港同时建设,铁路直接连接港口码头,货物的进出口均实现了货船与铁路之间的联运,"青岛,即使最大的货轮也可以在码头上将货物直接装上火车"[①],这在当时的中国是首创,在亚洲也是最先进的。所以,青岛港迅速发展起来,并因此后来居上、赶超了比自己早开埠30多年的烟台港。

1904年胶济铁路开通时,设计时速为60千米,已经达到世界领先水平,据当时的记载:向者由青岛至济南,须九日或十日,火车通后,则仅十二小时而已足。一名德国殖民者也曾称:循铁路由北京搭车来青岛,再坐公司轮船径赴欧洲,"涉风涛而不惊,历风尘而不倦""交通之便,不亚西欧"[②]。胶济铁路以其快捷、低价、高效很快打开了市场,推动济南和青岛迅速发展,加快了物资和人口的流动,也给胶济铁路沿线的一些城市带来了新的动力和活力。在这种"极化效应"下,青岛、济南成为海岱地区也是山东区域内两个强大的经济、政治中心,并带动沿线城市。同时,以胶济线沿线城市,如济南、潍坊、淄博、青岛等为外围的"中心—外围式"空间结构,也在逐渐形成,并不断繁荣、加强,形成山东大地上长期存在的胶济铁路经济带现象,并以此为纽带通过"海上丝绸之路"延伸出去,使山东与世界联系日趋密切,青岛和山东这块"大肥肉"越来越引起世界列强特别是日本对它的垂涎和窥视。

建成后的胶济铁路为德国的殖民掠夺装上了车轮,德国人开始大规模开采沿线矿藏,并经青岛港运回德国。从胶济铁路建成到德国战败退出山东的不足10年的时间里,德国仅仅从山东掠夺的煤炭就多达385多万吨,其中在坊子煤矿就开采了186多万吨煤炭运回德国,更不用说其他专线所运出去的煤炭及其他矿藏了。据史料记载,1899年德国开始修建胶济铁路时,全部建材都由德国企业生产制造,再分批漂洋过海运到中国,最初每年派6艘轮船驶来青岛送货,到1901年底共有16艘轮船来到青岛,为建设胶济铁路运载了6万吨铁路物资。1904年胶济铁路通车后,德国公司采取了特殊的运价政策,从海外输入的洋货,运价比内地货物的低,输出货物运价又比输入货物的低。如此,低廉的输

---

① 曹胜.德占时期青岛城市建设研究[D].济南:山东师范大学,2003:23.

② 宓汝成.帝国主义与中国铁路1847—1949[M].北京:经济管理出版社,2007:593.

出运价吸引山东商人把内地货物发往青岛租界,在那里加工为成品再销往内地或运往国外,形成价格倾销优势,加之大量海外低价洋货,甚至把部分津浦铁路的货源也吸引了过来。据不完全统计,从 1905 年至 1913 年的 9 年间,胶济铁路共运送旅客 812 万人,货物 556 万吨,获利 1950 多万两白银。1913 年的旅客发送量比 1905 年增长 63%,货物发送量增长了两倍,利润增加了 1.5 倍,所获白银与运到青岛的煤炭、矿石、土特产等一同乘货轮运回德国。这一时期的青岛港因路港一体化和先进的港口设施而成为华北地区的大港,仅 1913 年青岛对外贸易额就高达 6044 万两白银,青岛与日本和欧洲等地的航运一时成为热线。"海岱廊道"与"海上丝绸之路"之间的连接也变成了胶济铁路与海外航运之间的连接,"海上丝绸之路"北航线一时之间再次兴起。

同一时期的陆上丝绸之路,特别是河西走廊和天山南北,因欧洲殖民扩张的需求而备受关注。19 世纪初,首先是俄国为向中亚扩张,多次向中亚和我国新疆派遣间谍、特使或使团盗窃文物,撰写了大量考察报告,这些报告引起英法东方学界的关注,并促使欧洲东方学的亚洲内陆研究开始学术转型。在这个过程中,他们需要大量中国新疆和中亚的自然、人文信息。因此,从 19 世纪中叶开始,大量俄、英、德、美、日等列强国家向中亚和中国新疆派遣人员沿古丝绸之路进行"考察","中央亚细亚"的概念及相关知识体系开始确立起来。到 19 世纪末和 20 世纪初,这种所谓的"考察""探险"达到高峰,斯坦因作为"敦煌学"的创始人就是其中的代表。他们对中国丝路古迹遗址和文物的盗窃虽然在国际上获得很高声誉,使古丝绸之路再次热闹,但对中国人民犯下不可饶恕的罪行。

第六章 "海上丝绸之路"北航线再次兴起

　　"海上丝绸之路"北航线的短暂兴起与胶济铁路的修建密不可分,更是现代青岛港建设带来的直接结果。不论是胶济铁路还是现代青岛港的兴建,都是德国为了侵占青岛进而控制整个山东的直接结果,背后隐藏的是倾销过剩产品、转嫁本国危机和瓜分掠夺中国以增强自身实力、提升在世界列强中地位的目的。因此,当德国地理学家李希霍芬将自己对山东物产经济的详细调查报告提交德国政府时,迫切想在东亚获得一个港口的德国就将目光瞄准了胶州湾上的青岛。1897 年,德国借口"巨野教案"乘机侵占青岛进而霸占胶州湾,开始了长达 17 年之久的殖民统治。德国通过修建胶济铁路和青岛港作为掠夺中国经济的手段,客观上促进了"海岱廊道"沿线各城市工业化的进程、带动了"海上丝绸之路"北航线的再次兴起。

一、青岛码头的建立

　　晚清政府出于军事战略需要,决议在胶澳建置设防,1891 年 6 月 14 日,青岛建置开始。总兵章高元率兵进驻胶澳后,第二年开始在青岛湾内兴建人工码头。当时修建的码头共有两个:一个是位于今天小青岛西北方向的前海栈桥,主要用于装卸物资和兵员上下。前海栈桥长 220 米,宽 10 米,以石头垒筑桥身,水泥铺面,码头两侧装有从旅顺运来的铁制栏杆,前端设有吊架,便于起卸货物,亦称南海栈桥、铁码头、大码头;另一座码头位于总兵衙门前方,原是海礁形成的自然码头,经整修建成长 100 米,宽 6 米的桥式码头,也是石头垒筑桥身,水泥铺面,亦称衙门桥、蜗牛桥、小码头。建成后的前海栈桥码头和衙门桥码头(今青岛栈桥的前身),成为青岛正式建港的标志。

　　青岛码头的建立,给青岛这座新兴的城镇带来了生机。从唐宋时期繁荣起来的胶州港(清末为塔埠头港),因为胶州湾和大沽河的淤积,已经不能满足大型船舶停靠的需要,南往北来的大型船舶纷纷转向胶州湾的其他港口和新建的青岛码头靠岸,"青岛、女姑等口[①],百物鳞集,千艘万屯,南北之物既通,农商之利普益"。所以,仅在栈桥附近的商铺就有 61 家,加上外地来青租赁经营者,共71 家。一时间,青岛港外通朝鲜、北通辽宁、南通江浙闽粤,加之山东诸港之间

---

　　① 青岛口即今天的青岛栈桥海面。

的往来,青岛的进出口贸易也变得活跃起来,进而带动了本地各种世俗文化的繁荣和人员往来。特别是位于前海沿距青岛栈桥1千米左右的天后宫,成为当地百姓和众多商人、百姓、渔民聚集朝拜的地方。每当天后宫庙会期间,船舶云集于青岛栈桥附近,甚为可观。以青岛栈桥为中心的沿港商铺不断增多,到1897年春,仅青岛栈桥码头附近已经增至65家。随着青岛港航运活动的发展和经济繁荣,南来北往的商船纷纷来到这里,带来了不同地区的风俗和宗教信仰,文化生活和贸易交往也活跃起来。在德国占领前,胶澳区域内因为港口航运和贸易发展,已经形成"城镇"实体,并按照自身的规律向前发展着。

二、德国修建青岛港

1898年3月,德国强占青岛后,迫使清政府签订了《胶澳租界条约》,同年9月2日,将青岛的栈桥和衙门桥码头作为自由港向世界开放。由于这两个码头相对德国军舰和现代化的商船水不够深,无法满足其靠岸需求,且德国人还认为这两个码头夏天受东南风影响太大,修建防波堤难度也不小,为方便他们运输掠夺来的资源,1898年底德国人另觅他处,在今天的小港启动了青岛港筑港工程。青岛港建港工程由德商"回利格"公司监督进行,他们在建港中采取"移山填海""建城建港并举"的方法,将大鲍岛挖出的石料土方用以建筑小港码头,将小鲍岛高坡的土石方就近用于建筑大港码头。1901年,青岛港小港建成。1904年,青岛港大港第一码头建成,其北岸正式对外开放,连接出海口与省会济南的胶济线也被延伸到码头,形成铁路与码头的联合,大大提高了运输效率。1908年,德国人又建设完成石油码头,其间,德国人还建设了设备齐全、技术先进、东亚无双的青岛造船所。《胶澳发展备忘录》中记载,青岛港方便而安全的装卸设备"已超过了东亚所有港口。在诸多老牌的海上贸易中心(如香港、上海、芝罘、天津、长崎和神户),大船装卸也须借助舢板才行,但在青岛,即使最大的货轮也可以在码头上将货物直接转装上火车。海岸的形状和符合各种要求的航路标志,可使船只在任何天气、任何季度和每天任何时候进港,而且能够找到一个免受风暴袭击的地方,从而避免了时间损失和装卸货物的损失。在总督府船坞工艺厂和浮船坞建成后,船舶和机器就有了一个符合需要、价格合理、质量稳固的修理场所,在东亚还没有比这里更好的地方"。这种比其他港口更加完善、更加先进、更加安全的基础设施,为青岛港快速发展奠定了坚实的基础,很快青岛港就追赶上烟台港,成为山东第一大港、北方第二大港。与此同时,当年青岛的两个小码头渐渐退出历史舞台,青岛作为北方"海上丝绸之路"重要城市的地位却在不断夯实之中。

但是,青岛的快速发展引起其他列强的窥视,而各亚欧列强之间力量的不平衡也加剧了对"海上丝绸之路"的争夺。如青岛船坞工艺厂建成了当时亚洲最大的 1.6 万吨的浮船坞,该坞长 125 米,外宽 39 米,内宽 30 米,深 13 米,配有当时东亚最大的起重机,能举 150 吨并送往 12 米以外。日本在一战中打败德国后,立刻侵占青岛并将该船坞劫往日本。所以,掠夺、侵占、奴役中国人民是各个资本主义列强的内在本质。

三、夹缝中升起的新星——青岛

(一)青岛建制及德国人对青岛的规划

1891 年清政府派登州镇总兵章高元奉命率兵驻防胶澳,开始了青岛建制并逐渐形成初具规模的传统市镇。1897 年,德国借口"巨野教案",强占胶州湾,用刺刀将青岛口到青岛村一带的居民强拆赶走,强制划走今青岛市南区沿海一带全部的黄金地段,使之成为白人的专用生活区和德国军营的驻扎地,为后面德国实行对华歧视政策——"华洋分治"提供了空间条件。德国为了打造其东亚基地,开始在青岛进行现代化城市建设,他们派遣专家对青岛进行多方位的考查和论证,将青岛定位为德国在东亚的军事基地和商贸交通口岸。在此基础上制定了 1900 年的《青岛城市规划》,目的就是要把青岛打造成德国在东亚的军事根据地、以进出口贸易为手段进行经济掠夺和殖民的"东方威尼斯"。所以,从一开始青岛的城市建设就打下了海军文化和商业文化的烙印。德国人制定的《青岛城市规划》是青岛城市建设史上的首个规划,经过日本两次侵占时期的扩建、国民政府的整建,形成了现代青岛城市的基本面貌,但其城市性质没有发生根本性的变化。随着现代青岛城市的逐渐建设,青岛港和胶济铁路的联通,陆、港交通获得较大发展,带来青岛城市经济活动的繁荣,区域引领作用愈加明显,引来美、英、俄、日等国相继在青岛设立领事馆。为了适应青岛的进一步发展,德国人于 1910 年又制定了《青岛市区扩张规划》,只是还没来得及完全实施,第一次世界大战就开始了。到一战结束时,初具规模的青岛已成为一座拥有现代化港口、铁路、有序的街道和各具风格的建筑物组合成的、具有鲜明特点的城市,"红瓦绿树,碧海蓝天"也成为青岛城市特色的一大亮点,人称青岛为"东方的瑞士"。甚至当年德国人修建的雨污分流的排水系统,最宽的地方可以开吉普车。所以,青岛老城区的欧人区是出了名的"涝不怕",但这绝不是德国人对青岛的恩惠,而是"华洋分治"政策的具体体现。其实,整个青岛市区不受暴雨水淹最真实的原因还是青岛市区独特的地形地貌与新中国成立后建设的强大的排水管道系统。德国排水系统给青岛留下的最大贡献也就是城市防汛排水的经验理念,雨污分离的下水管道仅存在有限的欧人区,华人区则标准低得可怜,不仅道路是欧人区的一半宽,而且下水道雨污不分,更不用说安置中国人的里院屋子狭小拥挤、公共设施简陋,德国人甚至还将污水口排放到距华人区很近的海域。如被德国人强拆撵走的青岛本地百姓居住的团岛,常年受排污口的污水影响,这里瘟疫传染病横行,街上臭气熏天,被人称为"大粪场",根本没办法住人。当年德国人修建的 29.97 千米排雨水管道和 41.07 千米排污管道,与今天青岛超过 3000 千米的排水管道相比,连九牛一毛都赶不上。截止到1914 年,德国人建设的青岛城区泾渭分明,欧人区和华人区成为富人区和贫民区的标志,青岛最初的城市规划殖民主义色彩非常浓重。

1899 年,德国国内报纸上正式刊登介绍了初始的青岛总体规划,这是历史上第一次将青岛的总体规划公布于世,在德国国内和欧洲引起极大的轰动。规划将青岛市内分为三个区域:宽敞完整的欧人区、乡间别墅区和华人区,其中的欧人区在设计上引入先进的功能分区理念,受到德国人的特别关注。随着胶济铁路的通车和青岛港的建成,青岛迅速成为山东对外贸易的主要口岸,城市商业也呈现繁荣景象。后来,胶澳租借地成为司法独立区,使得德国和其他欧洲国家的商人都确信青岛足够安全和平静,因此不断地将其经济活动的重心向青岛转移。据统计,德占时期,1902 年的欧美人在青岛只有 688 人,到 1913 年上升到 2069 人,10 年间增长了 3 倍,其中的德国人占绝大多数,达到 94.45%。每年夏天,从欧洲大陆来青岛避暑度假的人口远远超过这个数字,到 1913 年已经有"若干条世界旅游轮船达到青岛"。其次,来青岛比较多的是日本人、俄国人、英国人和美国人。特别是日本人,10 年间在青岛的人数从 78 人上升到 316 人,人数增长了 4 倍之多,虽然人数的绝对值不是最多,但是数量增长是最快的。而且从青岛至日本的轮船也比从欧洲至青岛的要多,这也从另一方面可见日本对青岛和山东的窥视之心。

青岛港口和胶济铁路的连接延伸了青岛市对外联系的空间,在增强辐射能力的同时也增大了青岛城市的外围腹地,再次使青岛取代当年的琅琊和胶州板桥镇成为连接"海岱廊道"与"海上丝绸之路"北航线的纽带,青岛在传统陆海"丝绸之路"的基础上,开始了新时代的崛起。

(二)烟台港

烟台港位于山东半岛东北部的烟台市(秦汉之前称为转附或芝罘港),其历史发展悠久绵长。早在春秋战国时期,芝罘港就曾是当时著名的五大古港口之一,与青岛的琅琊港齐名。当年秦始皇为寻求长生不死之仙药,也曾三登芝罘岛。烟台市东部的庙岛群岛,位于黄海和渤海的交汇处,共有大小 32 座岛屿,像一把锁链,扼守着渤海湾的咽喉,也像一条珍珠链连接着山东半岛与辽东半岛。早在春秋战国时期,齐国与辽东半岛和朝鲜半岛之间的交往就是通过庙岛群岛连接起来的。从山东半岛诸港口聚集到这里后,由庙岛群岛到达辽东半岛,然后南下到达朝鲜半岛,从而形成最早的"海上丝绸之路"北航线。所以,烟台港是"海上丝绸之路"北航线的起始港之一,也是"海上丝绸之路"北航线的重要组成部分。

1858 年第二次鸦片战争战败,清政府被迫与英、法、俄、美签订了《天津条约》,将登州(今蓬莱)列为通商口岸。1861 年,因烟台地理位置更优越,列强又将烟台港改为通商口岸,并设立海关。这是在山东省设置的第一个现代海关,英法俄美各国在此获得关税特权和领事裁判权。海关内不仅有中国人,更有外国驻烟领事团代表,还有中西商会会长,实行双重领导,以达到控制中国对外出口权和航运权,形成实际上由外国列强对烟台港的管理和垄断经营。之后又成立烟台海坝工程会对烟台港口进行建设和管理,先后建成东西公共码头,以拓展货物运输。由于特殊的地理位置,烟台港进出口贸易覆盖了整个山东的北半部,大连的许多进出口贸易也在此转口,甚至还可以沿黄河口逆流而上进入河南和山西,或跨海远达奉天省的某些地区,辐射范围十分广阔。随着帝国主义殖民势力的入侵,英、法、美、奥、比、日、俄等国纷纷在烟台设立领事馆,外国商人通过烟台倾销他们的商品,再低价掠走我国农副产品,大肆获取高额利益,对我国的本土经济,特别是小手工业和民族工商业冲击非常大。到 20 世纪 20 年代,烟台港一度成为我国北方的重要大港,进入近代港口的行列。

但是,烟台作为"海岱廊道"向东向北沿海岸线的延伸,一直都只有陆路交通而没有修建一条属于自己的铁路,以至于在 19 世纪末至 20 世纪初,失去了一次重要的发展机会。而德国新修建的青岛港在开建之初就有一条胶济铁路与之相连,且青岛港是在荒蛮的海岸线上进行的规划和建设,可以使用最新最高的标准。加之其他诸多历史原因,自 1904 年胶济铁路全线通车后,短短 6 年时间,青岛港便超越了烟台港,成为山东第一大商埠和第一大港口。青岛港与胶济铁路的连接,直接带动了海岱地区和黄河沿岸地区的发展。反过来,海岱地区和黄河沿岸地区的发展又进一步加速了胶济铁路和青岛港的发展,更拉大了烟台港与青岛港之间的差距,这种差距一直延续到今天,从而使得"海上丝绸之路"北航线起始港的发展重点也一直停留在青岛。

附　录

《建议建立"海上丝绸之路主题公园"》

2017 年青岛市文化广电新闻出版局、青岛日报、青岛市宣传部联合举办的第二届"文化'点'亮青岛"大型文化"金点子"活动一等奖

2015 年 3 月 28 日,国家发展改革委、外交部、商务部联合发布《推动共建丝绸之路经济带和 21 世纪海上丝绸之路的愿景与行动》(简称《愿景与行动》),是对"一带一路"建设的高层设计。山东省没有进入 18 省大名单,但是山东省的青岛和烟台两城市却进入 15 个海洋建设支点城市的大名单之中。这说明,山东作为一个海洋大省,其海洋经济优势和海洋战略地位还是十分重要的。山东省常务副省长李群在 2017 年 5 月 13 日的"一带一路"国际合作高峰论坛中提出,山东在"一带一路"建设中具有三大优势:地理区位、经济实力、开放传统。其中,地理区位优势主要是指山东在海洋方面的优势。青岛是历史上"海上丝绸之路"北航线的起始点,而山东更是中国"海上丝绸之路"建设的重要一环。因此,我们提出在青岛建立一个以海洋文化、商贸发展为主题的"海上丝绸之路主题公园",这样不仅可以向岛城市民宣传青岛悠久的海洋文明、传承青岛作为"海上丝绸之路"北航线起始港的特色文化,还可以向世界展现青岛融入"一带一路"的宽广胸怀和现实面貌。这是宣传和营销青岛乃至山东在"一带一路"中的历史渊源和现代发展的最好方式,也是青岛自身历史文化发展的逻辑要求。

一、"海上丝绸之路主题公园"的选址建议

(一)建议在胶州少海公园内建设"海上丝绸之路主题公园"

1. 选址胶州少海公园的缘由:依托已大致成型的胶州少海公园进行"海上丝绸之路主题公园"建设,关联高、费用低、工期短、效果大,可以直接展示青岛融入"一带一路"建设的历史渊源和现实成效

胶州少海公园是青岛市第一家国家级湿地公园,4A 级旅游景点。整个公园占地面积 612.5 公顷,其中湿地面积 513.9 公顷,有着天然的水域地理优势。它通过青岛的母亲河大沽河与胶州湾(大海)连接,具有明显的"涉海"因素和"丝路"因素(见后面的历史文化渊源部分)。胶州少海公园湿地项目总体规划

建设分为三期,2020 年之前全部建设完毕。因此,依托少海公园内已经建成的部分工程,划出一部分进行"海上丝绸之路"主题雕塑群、市舶司博物馆、高丽亭馆、榷场、水师营等项目的建设和装修,定能在短期内给青岛市民呈现一个具有"海丝"元素的文化主题公园。

2. 胶州少海公园附近配套齐全,相应文化、休闲、旅游、度假等实体项目众多,为"海上丝绸之路主题公园"的深度旅游开发提供了硬件保障

在少海公园的"大沽河生态旅游区"项目中,大沽河历史文化街区的建成、宝龙艺术酒店和宝龙房车公园的建成、画家村和孔子六艺园的开业等,不仅提升了公园的档次和规格(国际水平和标准),而且还可以带来后续一系列相关第三产业的繁荣和发展。所以,"海上丝绸之路主题公园"的建立,会带动更多高水平、高规格项目的引进,为青岛旅游的深度发展提供动力。

(二)在胶州少海公园内建设"海上丝绸之路主题公园"的优势

1. 具有"海洋文化"特色

少海公园位于胶州湾西北岸,这里在春秋战国时期就流传着齐景公、齐桓公两代君王扬帆畅游少海的故事,更不用说唐朝在此设立板桥镇,北宋时期设立市舶司(海关)、胶西榷场(外贸商场),是长江以北唯一的对外通商口岸、全国五大商埠之一,也是"海上丝绸之路"的重要节点。所以,"海上丝绸之路主题公园"的主题——海洋文化和商贸发展的内涵,深深蕴含着"扬帆""海外"等因素。

2. 具有"公知性、显著性"特色

可以肯定的是,人们看过"少海公园"这几个字可能不会留下什么印象,但是,如果人们看到"海上丝路主题公园"这个名字一定会忘不掉的。特别是外地和国外的人们,只要看到"海上丝绸之路主题公园"这几个字,即使不会马上过来旅游,也一定会因好奇而涉猎、查看的。因为"丝绸之路"早已成为具有"公知性""显著性"特征的一个名词,不仅全国人民都熟悉,而且在国际上也拥有广泛的知名度。所以,在"少海公园"的基础上打造"海上丝绸之路主题公园"一定是营销胶州、宣传青岛最好的方法。

3. 具有"时代"特色

随着"一带一路"在国内外的形成、发展,越来越多的人关注"一带一路"、参与到"一带一路"建设中来。所以,谁拥有与"丝绸之路"相连的历史或文化渊源,谁就能紧紧抓住这个契机大做文章并将其发扬光大。这个所谓"时代"特色主要是指要围绕"海上丝绸之路"这个时代最强音来做文章。胶州少海正好就拥有长江以北唯一的市舶司,是"海上丝绸之路"北航线的启航点之一,因此与今天的"一带一路"建设密不可分。

4.具有"中国"符号特色

"丝绸之路"虽然是十九世纪德国地理学家李希霍芬首先提出,并由一个法国人把"丝绸之路"延伸到海上交通和贸易上,提出"海上丝绸之路",但是,"丝绸之路"依然是一个具有中国特色的符号,并因它专指中国和外国进行经济、贸易、文化等交流的大通道而具有国际性。所以,在胶州少海打造"海上丝绸之路主题公园"既具有中国符号特色,又具有国际性特色。

二、胶州与"海上丝绸之路"的历史渊源

"海上丝绸之路"东起航线最先始于 4500 年前青岛胶州板桥镇附近。胶州三里河遗址和胶州赵家庄遗址考古发现的 370 粒碳化稻米和稻田、蓄水坑以及纵横交错的水沟等稻田遗存,属于大汶口文化和龙山文化时期,为稻作农业从中原传到胶东半岛,然后出胶州湾经海路向东传到辽东半岛、朝鲜半岛以及日本列岛这一传播路线提供了有力的实证(山东半岛莱州的考古也证明了这一点),表明"东方海上丝绸之路"在史前时期已成雏形。

春秋战国时期,齐国两代君王从青岛胶州的少海出发,历经三个月的时间带船队进行黄、渤海巡游,极尽奢华;前 485 年青岛琅琊海上的齐吴大海战,是我国史书记载的第一次海战。这些都表明当时沿海诸侯国在港口、航海技术上的大发展和对拓展疆土的渴望。甚至秦始皇统一六国后三次巡游琅琊郡(今青岛黄岛区),修建琅琊台,两次派徐福率几千人的船队去东海寻求长生不老之药,也被史学家考证为秦始皇暗中拓疆海外的行为。曾为胶东王的刘彻即位汉武帝,也多次巡游琅琊、不其(音 fújī,今青岛城阳区),先后派人入海求仙。这些行为都标志着这条由青岛(胶东半岛)经辽宁半岛、朝鲜半岛到达日本列岛的航线,成为名副其实的成熟的古代"东方海上丝绸之路"了。

唐宋时期,青岛胶州的板桥镇文明使得"东方海上丝路"达到辉煌鼎盛。随着 755 年唐朝安史之乱的爆发,整个中国历史发展由鼎盛开始走向下坡路。无论是晚唐还是宋朝,陆路上的"丝绸之路"大都被北方、西方的匈奴以及其他少数民族截断。特别是宋朝,京都一再南迁,导致陆路"丝绸之路"基本中断。加之这一时期航海业和造船业的发展,在一定程度上都起到促进"海上丝绸之路"大发展的作用。如唐宋时期青岛胶州的板桥镇就是在这一时期达到繁荣鼎盛的。623 年,唐朝在青岛胶州设立板桥镇,高丽和日本的商贾、使臣、僧侣等多从这里到中国进行贸易、国事往来、宗教交流等,板桥镇因此成为整个胶州湾甚至整个胶东半岛最重要也是最繁忙的古港口。日本著名僧人圆仁法师曾三次在板桥镇出入中国并详述了其繁忙的景象。到了宋朝,密州板桥镇成为当时中国

北方唯一一个对外贸易的市舶司。据《胶州板桥镇遗址考古文物图集》展示的考古照片和《胶州志》记载显示,当时的板桥镇港区,除东亚、南亚的海外物资在此中转和销售外,甚至大食国(阿拉伯帝国)的商人也乘船北上到板桥镇做生意。直至南宋末年,板桥镇还保持着海上物资集散中心和海外转口贸易两大传统优势。

元明时期胶莱运河的开凿和使用,使得胶州获得"金胶州"的称号。元明清时期,中国经济重心逐渐南移,而政治中心一直在北方——北京(大都),因此,官府和军队所需粮食等物资大多数依赖江南供给。为解决南北海运漕粮问题,元世祖忽必烈任命莱州人姚演在胶州湾与莱州湾之间开凿胶莱运河,明代也多次对胶莱运河进行疏通,后来又开通了从唐岛湾到黄岛湾的马濠运河。胶莱、马濠两条运河开通后,南方海船从唐岛湾进入马濠运河,然后经胶州湾进入胶莱运河,这不仅缩短了航程,增强了航运的安全性,而且为运河沿岸带来了经济繁荣。据《新开胶州马濠之记》碑文记载:"自此南北商贾,舳舻络绎,往来不绝,百货骈集,贸迁有无,远近获利。"可见两运河开通以后,胶州湾的海面上又出现了百舸争流、千帆竞渡的繁荣景象,加之胶州本身处于海陆交通的中心,以至于后来人们把胶州称为"金胶州"。

三、胶州市在青岛的重要地位和作用(略)

胶州是山东半岛联结海内外的重要交通咽喉,紧邻青岛港、前湾港等港口,依托"一港两站三高四铁"的立体化交通体系,建成全国铁路多式联运的胶州模式,地铁也在建设当中。

截止到 2016 年,胶州市经济开发区连续 10 年蝉联山东省各区市综合排名前三,在青岛各区市中一直排名靠前。

贯彻"环湾保护、拥湾发展"战略,胶州一直走在最前面。2013 年,建成青岛市唯一一个国家级湿地公园——少海国家湿地公园,并成为 4A 级景区。

总之,少海公园是我国北方沿海区域典型的浅水湖泊湿地生态系统,公园内物种多样、景观迷人,有湖泊、沼泽以及沿湖生态带等复合生态系统。不仅是胶州市的标志性景区,今后也会是青岛重要的休闲旅游的标志性景区之一。希望我们可以紧紧抓住"一带一路"建设的机遇,尽快完成"海上是丝绸之路主题公园"的立项和建设,争取建成国家第一个"海上丝绸之路主题公园"。